U1006218

四川省2023年度教育科研重点课题
（SCJG23A022）

源之源起

区域优秀传统文化资源在地方高校的可视化建设与美育研究

ORIGINS OF THE SOURCE
VISUALIZED DEVELOPMENT AND AESTHETIC EDUCATION
RESEARCH ON REGIONAL OUTSTANDING TRADITIONAL CULTURAL
RESOURCES IN LOCAL UNIVERSITIES

主　编　龚　浩
副主编　彭康华　杨　杰　黄朝伟

辽　宁　美　术　出　版　社

主　编：龚　浩
副主编：彭康华　杨　杰　黄朝伟
编　委：李　兵　丁文涛　陈桂权　屠明英　潘红莲　黄　彬　刘　瑛　周　江
　　　　付莎莎　陈　刚　李术义　龚美迪　杨子青　林　辉　李秀蓉　丁　浩

图书在版编目（CIP）数据

源之源起：区域优秀传统文化资源在地方高校的可视化建设与美育研究／龚浩主编；彭康华，杨杰，黄朝伟副主编．—沈阳：辽宁美术出版社，2025．6．
ISBN 978-7-5314-8627-5
Ⅰ．G40-014
中国国家版本馆CIP数据核字第2025V5L796号

出 版 者：辽宁美术出版社
地　　址：沈阳市和平区民族北街29号　邮编：110001
发 行 者：辽宁美术出版社
印 刷 者：沈阳晟邦印刷包装有限公司
开　　本：889mm×1194mm　1/16
印　　张：8.5
字　　数：160千字
出版时间：2025年6月第1版
印刷时间：2025年6月第1次印刷
责任编辑：王　楠　张佳雨
装帧设计：陈璐璐
责任校对：郝　刚
书　　号：ISBN 978-7-5314-8627-5
定　　价：86.00元

邮购部电话：024-83833008
E-mail：lnmscbs@163.com
http://www.lnmscbs.cn
图书如有印装质量问题请与出版部联系调换
出版部电话：024-23835227

序

美术教育之源历史悠久，源远流长；美术教育之流奔腾不息，变动不居。它演进于不同时代，焕彩于历史时空。今天，这一领域已然不仅是对艺术品的欣赏，对视觉美的追求，而且已形成以不同时代艺术作品为抓手，各类学科交融、不同地域交会的互动形态。它在对传统文化的弘扬、文化遗址的保护、美术研究的促进和经济社会发展的助推方面厥功至伟，不可替代。

党的二十大报告明确指出，习近平新时代中国特色社会主义思想必须做到“两个结合”。尤其是把马克思主义基本原理同中华优秀传统文化相结合的重要论断，既是习近平文化思想的重要组成部分，也是习近平文化思想中最具原创性的内容之一。从这个高度来看，绵阳师范学院集几十年的美术教育实践、理念和经验，努力将区域优秀传统文化融入现代高校美术教育，以绵阳地域为核心，进行区域优秀传统文化资源在地方高校的可视化建设和美育研究，搭建包括汉陶艺术展示陈列室、汉砖拓片展示陈列室、民间美术（白马藏族）陈列室、四川民间生活展示陈列厅、川西农耕文化展示陈列厅等交流、互动场馆，沉浸式地在空间转换中完成视觉感知，从传统文化的“原境”出发，以“一核两轴多元”为人才培养模式，接入场馆展示的可视化氛围营造与研学体验，形成美育融合、馆校协作育人的项目制教学体系和文化研究系统，尝试创建区域优秀传统文化资源与地方高校美术教育深度交融的示范基地。

“区域优秀传统文化资源在地方高校的可视化建设与美育研究”项目，依托汉代摇钱树文化和漆木马文化、绵竹年画及白马藏族民间美术、北川羌族民间美术等，建设各具特色的传统视觉文化教学基地，将相对静态的绵阳区域传统文化进行创造性转化，以在地重建课程资源的方式，使区域传统文化在美术学科建设中不断积累、释放、重生和创新。这种新型的视觉文化模式和区域文化创造性的转化，在一定意义上加强了国家美术课程建设内容与地方性区域文化之间的联系。

与此同时，本项目研究还将区域传统文化融入教学课程计划，明确价值导向和教育目标，多措并举，进行课程开发，制订教学规划，达成场馆现场教学、校馆协同研究、数字媒体融合、设计创新的传承路径，使美育教育的受众除了获得知觉技能、认知技能和情感技能外，同时具备对区域传统文化的情感理解能力和认知判断能力。从这个角度来讲，绵阳师范学院美术与设计学院的师生们，仰望星空，心怀远方，力行新时代区域优秀传统文化资源在地方高校的可视化建设，探寻美育教学的实质，在特色鲜明的美术教育理论引领下，建构完整、实用的教学模式，使区域优秀传统文化资源在地方高校可视化建设和美育研究中散发魅力、绽放生机，值得肯定、应该推广。是为序。

中国艺术学理论学会会长
北京大学艺术学院教授　博士生导师

2024年12月22日

目录

Contents

四、项目实施的成效与影响

五、项目研究的特色创新与未来发展

CHAPTER 1 / 一

项目研究的背景和意义

项目研究的背景和意义

BACKGROUND AND
SIGNIFICANCE
OF THE PROJECT RESEARCH

（一）项目研究的理论意义及实践价值

中国历史绵历五千年，孕育了丰厚的中华优秀传统文化，积淀着中华民族最深沉的精神追求，是中华民族发展的智慧源泉，也是当代中国教育发展的重要根基。习近平总书记在党的二十大报告中指出："弘扬革命文化，传承中华优秀传统文化，满足人民日益增长的精神文化需求，巩固全党全国各族人民团结奋斗的共同思想基础，不断提升国家文化软实力和中华文化影响力。"中共中央办公厅、国务院办公厅2017年印发《关于实施中华优秀传统文化传承发展工程的意见》，要求各地区各部门结合实际认真贯彻落实。意见指出"各级党委和政府更加自觉、更加主动推动中华优秀传统文化的传承与发展，开展了一系列富有创新、富有成效的工作，有力增强了中华优秀传统文化的凝聚力、影响力、创造力"。二十大报告和《关于实施中华优秀传统文化传承发展工程的意见》表明，弘扬中华优秀传统文化既是增强文化自信、建设社会主义文化强国的应然之举，同时也为高校的优秀传统文化弘扬与教育和美育创新研究提供了理论指南和实践路径。

参天之木，必有其根；怀山之水，必有其源。任何一种文化必然有传统，且是一种存在。当今我们目之所及的人类遗存，诸如绘画、建筑、物件等都是文化传统的珍宝，或者说人类遗存下来的所有历史文物、建筑遗址、艺术品都是一种文化的存在。"万物有所生，而独知守其根"（《淮南子·原道训》），文脉应弦歌不辍，文化当赓续有继。

受到《关于实施中华优秀传统文化传承发展工程的意见》和2018年教育部支持清华大学等高校建设中华优秀传统文化传承基地的影响，在优秀传统文化的可视化建设方面，重点大学的博物馆、民俗文化馆陆续建成落地。地方高校中，除温州大学、洛阳师范学院、信阳学院等院校建设有中华优秀传统文化场馆外，绝大部分地方高校均未完成中华优秀传统文化的场馆建设，尤其是西部地区高校，主要原因是受到经费、空间等办学资源的限制，以及对优秀传统文化可视化建设的认知差异。事实上，大多数地方高校也不可能都如重点大学般建设规模化的博物馆、民俗文化馆，而已建的优秀传统文化展示场馆，大多仅限于开展场馆展示教育或非遗技艺传承，较少从视觉艺术的视域，充分利用展示场馆，进行系统而深入的优秀传统文化传承与美育融合教育的理论构建和路径探索。因此，挖掘区域优秀传统文化资源，充分利用在地空间规划建设特色鲜明、地域性强的小规模优秀传统文化展示陈列馆（室），就成为很好的选择。

有鉴于此，我们在日常教学活动中，十分注重探究优秀传统文化传承与美育融合的教育方式，让学生在视觉审美的熏陶中潜移默化地感受优秀传统文化的魅力，进而增强文化自觉和文化自信，这是极具理论意义和实践价值的一种教育路径探索和模式创新。

自2012年以来，我校以视觉艺术为研究视域，以“区域优秀传统文化资源在地方高校的可视化建设与美育研究”课题为契机，挖掘整理区域优秀传统文化资源，分批次、分主题进行展陈设计与场馆建设，通过展览展示、艺术活动及课程教育等形式与美育充分融合，这种可视化的呈现与教育活动极具直观性和感染力，既有优秀传统文化传承教育的现代表现形式，又赋予地方高校美育新的时代内涵。同时，也是落实中共中央办公厅、国务院办公厅2020年印发的《关于全面加强和改进新时代学校美育工作的意见》关于“到2035年，基本形成全覆盖、多样化、高质量的具有中国特色的现代化学校美育体系”美好愿景的创新实践。

同时，本课题研究相对于其他研究具有独到的学术价值和应用价值。首先，针对地方高校将传承中华优秀传统文化与美育深度融合的研究，符合新时代高校教育教学改革精神。其次，因地制宜，以区域优秀传统文化资源的挖掘和整理为抓手，面向全体，改革创新，促进学校美育教育的内涵建设和特色凝练，实现“一校一品”建设目标。再次，对区域优秀传统文化资源通过可视化的环境营造、陈列展示和信息化建设，以及教改课改、文化艺术活动等形式，发挥视觉艺术的直观性和感染力，使学生看得见、摸得着，让优秀传统文化充分融入学生生活学习中去，潜移默化地化育学生。

总之，区域优秀传统文化资源可视化建设与美育融合的研究，在题材内容、呈现方式和传承路径上有别于国内其他优秀传统文化传承研究。项目研究践行地方高校优秀传统文化传承与美育融合教育的理论架构及应用创新，可为当前的教育教学改革提供方法和参考，有利于地方高校交流借鉴，共同构建高校中华优秀传统文化传承发展体系，培养有责任感、历史感、使命感的社会主义合格人才。

此外，综合而言，近些年关于中华优秀传统文化与美育融合教育方面的研究，确有一定成果，大都是立足整体对教育理念、文化内涵、教育机制、体系构建和教育路径等方面进行的研究，且主要停留在基础理论研究方面，应用性不强、系统性不足，而以视觉艺术为研究视域展开优秀传统文化与美育融合教育的专门研究，成果较少。再者，大部分研究项目针对教育或学科整体而论，缺乏分类指导，不同类型、不同区域的高校教学资源相差较大，优秀传统文化传承教育还需因地制宜。

在此背景下，“区域优秀传统文化资源在地方高校的可视化建设与美育研究”正是通过展示浸润、融入课程、创设活动、信息技术呈现等多方面的深入探索与应用实践，因地制宜，扬长避短地凝练地方高校优秀传统文化教育和美育的鲜明特色。通过优秀传统文化传承和美育的深度融合，让学生接受优秀传统文化教育和艺术的熏陶，最终成长为具有良好品格和审美素养的合格人才。

（二）项目研究的主要目标和创新之处

1. 主要目标

一是研究中华优秀传统文化与美育结合进行传承发展的理论意义和特有价值；二是充分挖掘、整理区域优秀传统文化资源，在校内规划建设区域优秀传统文化展示陈列场馆，校外建设优秀传统文化实践教学基地，开展场馆展示教育和课程教学活动，营造浓厚的优秀传统文化学习氛围；三是构建具有审美特征的地方高校优秀传统文化教育课程框架和数字化的区域优秀传统文化教育模块；四是搭建多元化的优秀传统文化自主学习平台，激活并丰富第二课堂。最终通过不懈地探索与实践，逐步形成我校具有区域文化特征和审美特征的优秀传统文化教育特色。

2. 创新之处

一是对区域优秀传统文化资源进行可视化建设，充分发挥视觉艺术的直观性和感染力，通过展览展示、艺术活动及课程教育等形式与美育充分结合，赋予优秀传统文化教育新的时代内涵和现代表达形式，可以充分调动学生学习优秀传统文化的积极性，是地方高校优秀传统文化教育和美育路径的创新。二是系统性地挖掘整理区域优秀传统文化资源，创新课程资源和活动内容，使地方高校优秀传统文化传承教育有抓手，有特色，有创新。

CHAPTER 2 / 二

项目研究实施过程与可视化建设概况

项目研究实施过程与可视化建设概况

PROJECT RESEARCH IMPLEMENTATION PROCESS AND OVERVIEW OF VISUALIZED CONSTRUCTION

（一）项目研究与实施的基本情况

我院针对区域优秀传统文化的挖掘与研究已近20年。2005年，李兵教授主持四川省社科项目“白马藏族原生态文化研究与保护”；2012年，龚浩教授主持教育部项目“白马藏族民间美术传承研究”，并着手在学校规划建设民间美术（白马藏族）陈列室，结合美术学、环境设计和服装与服饰设计专业课程开展教育教学。此为建设可视化研究的开端。此后，依托我校民间文化研究中心（省社科联重点研究中心），依据本地区及周边区域优秀文化资源统一规划，多学科合作，因时、因地、因事制宜，挖掘、整合资源配置，分团队、分项目进行理论研究。在理论研究的基础上，充分利用学校在地空间，统一规划设计，开展优秀传统文化的可视化建设。在此期间，学校对我院的优秀传统文化的可视化建设给予了高度重视并提供了财力物力的充分保障，先后投入了400余万元资金，划拨1200平方米的室内空间和1500平方米的室外园林，学院又调配整合了部分教学空间，最终建成4000余平方米的区域优秀传统文化展示陈列空间。

我校区域优秀传统文化展示陈列空间一览表

四川民间生活展示陈列厅	川西农耕文化展示陈列厅	川西传统家具展示陈列室
汉陶艺术展示陈列室	郪江汉墓壁画展示陈列室	汉砖拓片展示陈列室
梓潼文昌年画展示陈列室	西安碑林拓片展示陈列室	李白诗歌文化园
经典国画（高仿真）陈列室	中国重彩（传统壁画）陈列室	四川传统手工艺研究中心
民间美术（白马藏族）陈列室	民间美术（剪纸）工作坊	民间美术（蜡染）工作坊

2016年以来，随着校内主题文化展示陈列空间的陆续建设落成，我院又根据教育教学的需要，在绵阳及周边地区建设了一批优秀传统文化教育教学实践基地，如广汉三星堆博物馆、绵竹年画博物馆和北川羌族民俗博物馆等，并开始有组织地开展优秀传统文化传承与美育融合教育的研究，构建美术与设计学院的优秀传统文化与美育融

传统文化课题研究推进会

合教育的课程框架，面向全校学生开设相关选修课程，学生选课积极性高，有效促进了学校美育课程的建设与发展。

项目研究与实践已经持续十余年，我校区域优秀传统文化的挖掘整理与优秀传统文化可视化场馆建设已基本完成，学院从视觉艺术的角度，着力于“挖掘地方资源”“场馆展示浸润”“融入课程教学”“创设多元活动”“信息技术呈现”5个方面的深入探索与应用实践已初见成效，为学校实施特色鲜明的优秀传统文化教育和美育的“一校一品”建设提供了支撑基础，促进了学校内涵建设和人才培养质量的提升。

（二）区域优秀传统文化可视化建设的主要路径

1. 挖掘区域优秀传统文化，淬炼地方高校办学特色

绵阳市位于四川盆地西北部，拥有2200多年的建城史，山川秀丽，历史文化悠久，文物古迹众多。东邻南充市，南连德阳市、遂宁市，北依广元市、甘肃陇南市，西接阿坝藏族羌族自治州，3小时车程内可达成都市、巴中市、内江市、资阳市、甘孜藏族自治州等多个地区。绵阳及周边地区拥有丰富的中华优秀传统文化资源，是我校教育教学的丰厚土壤，现遗存较好，可从视觉艺术的角度做教育教学研究、可视化建设或校外实践基地建设的有：绵阳的平武报恩寺、平武白马藏族文化、北川羌族文

白马藏族民间美术传承研究专题研讨会

化、三台郪江汉代文化和梓潼文昌文化等。外周地区有：成都金沙文化，德阳三星堆文化、绵竹年画和德阳文庙，阿坝藏族、羌族文化，资阳安岳石刻，巴中南龛石窟，广元千佛崖石刻、昭化古城，南充阆中古城等众多优秀传统文化古迹。

十多年来，课题组成员对川西北及周边区域优秀传统文化资源进行调查调研、文献分析、专家走访、图文数据采集和归类整理，足迹遍及20余个县市。召开专题文化研讨会多次，撰写关于区域优秀传统文化的学术论文40余篇、学术专著3部，其中《白马遗风》《白马藏族秋冬男女长衫结构解析》《蜀锦传承保护的双维度思考》《绵阳汉代摇钱树中凤鸟图像装饰类型研究》《龙文化雕塑的设计与探索——以泸县龙吟广场为例》《盛唐风范　民族精髓——浅析巴中石窟佛帐艺术特征》等20余篇论文发表于CSSCI期刊，研究报告《白马藏族民间美术传承研究》获绵阳市第十六次社会科学优秀科研成果二等奖。目前，全院与本项目相关的部级、省级和市厅级课题已有30余项，积淀了一定的理论研究成果，为优秀传统文化的可视化建设和教育教学研究提供了较厚实的理论支撑，丰富了学校优秀传统文化传承教育与美育融合的实践内容，促进了学校美育教育的内涵建设和特色凝练。

以下是部分研究内容的简要陈述。

（1）白马藏族民间美术

在四川、甘肃两省交界的摩天岭山脉两侧，居住着一万多“白马藏人”，他们主要分布在四川平武县白马、木座、木皮、黄羊关藏族乡，九寨沟县草地乡、勿角镇；甘肃文县铁楼藏族乡、石鸡坝镇，舟曲县博峪镇等地。20世纪50年代，川北行署平武县民族工作队把该地区聚居的民族定为藏族，但是，长久以来，白马藏人对此并不认同，他们在语言、服饰、建筑、宗教信仰、婚丧礼仪等方面有自己的特点，与藏族、羌族均有明显区别。以我国著名民族学家孙宏开为代表的绝大多数学者认为白马藏人不是藏族，是历史上一支氐族的后裔，而且很有可能就是白马氐的后裔，是留存至今

白马藏族服饰

的一个珍贵而古老的民族文化“活化石”。费孝通先生在《关于我国民族的识别问题》中提到的“平武藏人”即白马藏人。复旦大学现代人类学研究中心通过对200名白马藏人的基因采集，惊奇地发现所有白马藏人都是D型Y染色体，而这种D型Y染色体正是最早出现在东亚大陆上的人类基因类型。专家们通过对白马藏人的DNA、语言、生活习俗等方面信息分析，认为他们可能在大约4万到5万年前，来自遥远的非洲大陆。中央电视台《探索·发现》栏目在2013年12月10、11日以“探秘东亚最古老的部落”为主题进行了专题报道。

因白马藏人所处的地理位置偏远和客观条件的限制，白马藏人社会发展相对迟缓，延缓了民族融合的进程，从而较完好地保留了自己的民族遗存和独特的文化特征。课题组立足于视觉艺术形态，对白马藏人在宗教信仰、服饰特征、建筑风格等方面表现出来的民间美术形态及美学特征进行了深入的研究。

白马藏人崇拜自然，家家户户绘有（或雕刻）大量牛、羊、花卉、禽兽的图样，如在火房（堂屋）上方每年都要供奉白色的剪纸纹样，白马藏人自称为“瑶呀”，主要内容为牛、羊、鸡及花卉等动植物图案，以示自然膜拜，祝福来年吉祥、平安。在白马藏人的建筑物上，也描画有大量动植物的图样，这些图案古拙朴实、令人叹赏。白马藏人服饰特色鲜明，以插有鸡尾羽的白色羊毛毡帽为白马服饰的形象标志。不论男女老幼，头上都戴有一顶由羊毛压模后制成的盘形、圆顶、荷叶边的白色毡帽，并在帽顶侧面插上一根或几根白色雄鸡羽毛做饰物。男人春夏季节着白布长袍，秋冬季节穿黑色、深红色或棕色布长袍，绣花边，系祖传铜牌腰带，头戴插有鸡尾羽的羊

毡帽，脚穿皮靴。女人春夏季节着以白、绿、红为主色的花布长袍，下为百褶裙，裙摆绣八层花边，图样上紧下松，两袖也绣八层花边，图样上松下紧；秋冬季节在花布长袍外穿深色布背褂，后背绣花卉图案，呈单独纹样，工艺精湛，美轮美奂。她们头戴插鸡尾羽的羊毛帽，胸佩鱼骨牌，腰系手工编织的花腰带，脚蹬皮靴，清丽又脱俗。

白马藏族服饰

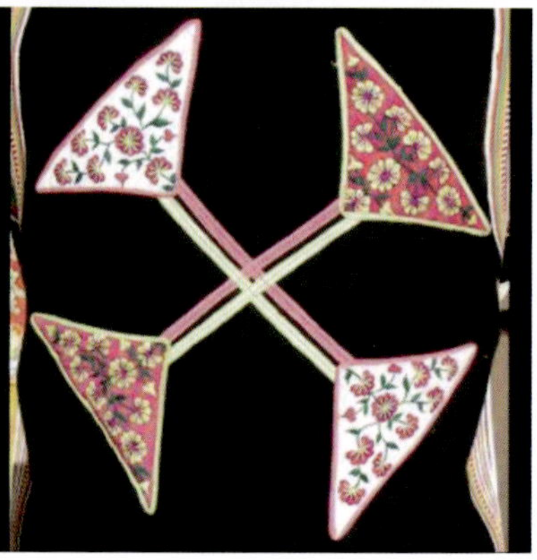

白马藏族秋冬男女长衫服装制式对比（表）

特征 部位	白马女装 秋冬百褶衣	白马男装 秋冬长衫	款式图
整体造型	上下连属，直线型平面结构，腰带捆绑	上下连属，直线型平面结构，腰带捆绑	白马女装秋冬百褶衣： 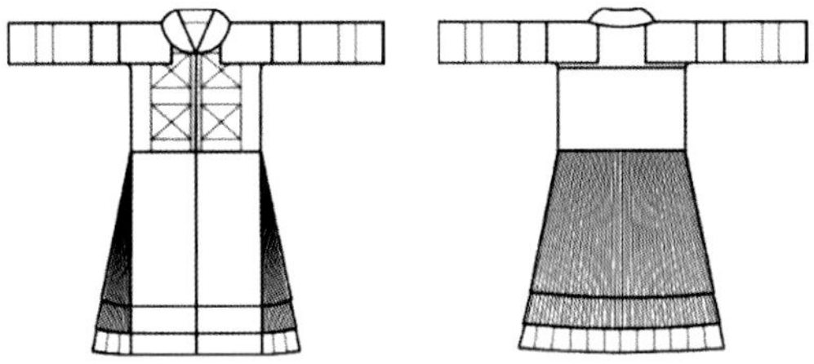 正面 背面 白马男装秋冬长衫： 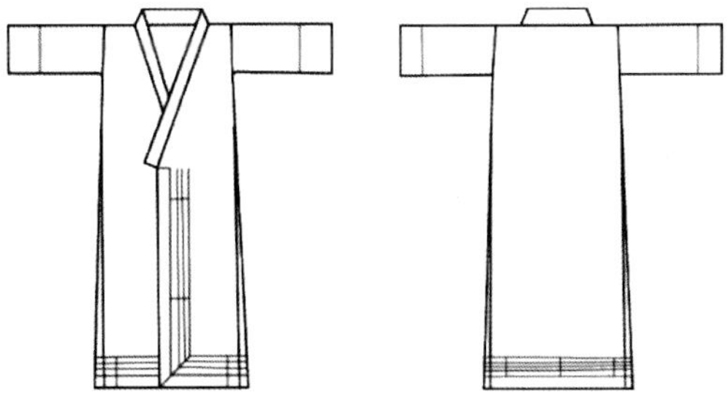 正面 背面
衣长	至脚踝	至脚踝	
衣襟	落地直开襟	大襟右衽	
衣领	翻领，小圆领	翻领，交领	
肩部	无肩缝	无肩缝	
袖	通肩袖，臂围处依次衔接两片袖筒	通肩袖，臂围处衔接一整片袖筒	
袖长	过手腕	过手腕	
腰身	直腰身	直腰身	
前后中心	前中心有破缝，后中心无破缝	前中心有破缝，后中心无破缝	
后背	背宽处打断	无打断	
省道设计	无省道	无省道	
系结方式	无扣，宽腰带捆绑	无扣，宽腰带捆绑	
裙摆	百褶裙，三层裙摆	衣衫下部左右侧缝加量	
缘边位置	前襟、袖口、裙摆	衣领、门襟、袖口、裙摆	
缝制方式	机缝为主	机缝为主	

白马藏族民居建筑长期受民族自身历史文化、传统风俗、自然环境等因素影响，呈现出古朴自然的山地民居特点。白马藏族民居建筑作为西南少数民族民居建筑的重要组成部分，有其独有的特质与风貌。白马山寨大多依山而建，一个山寨一般有几十人至几百人不等。其中白水河流域的白马寨因为历史的原因建在山上，而夺补河流域的山寨却建在山下，依山傍水，绿树掩映，碧水环绕，恍似人间仙境。

目前四川平武白马地区保存完整和正在使用的民居建筑基本结构多为木结构穿斗式建筑，大概细分为四个类型：最古老的是“板屋土墙杉板房”，这是一种古老的井干式结构，现在几乎看不到，有遗迹但也已废弃；第二类是土木结合的结构形式，白马藏族地区的这些古老的板屋土墙民居建筑的下部基本是以夯土墙为基础，上部为穿斗式木结构，砌墙体一般为木板，也有竹子、藤编的板模上糊加工后的泥土，这在川北地区山地汉族古老民居建筑中也比较常见；第三类为穿斗式板木建筑；第四类是砖木结构建筑。其中第三、四两类多是最近十几年来修建的民居结构样式，现在本地居民基本住在这样的建筑里。整个建筑框架基本为穿斗式木框架结构，这种结构用木框架为建筑骨架支撑，不受力的墙体或以土墙，或以木板，或以砖块填充，主要取决于房主人所建房屋的地基位置和他的经济能力。也有部分建筑结构是混合类型，建筑体的上半部分墙体是纯板木结构，下半部分墙体是砖木结构之类。

白马藏族民居建筑

（2）羌族羊图像

羌族在我国历史悠久，早在上古时期，古羌族就已经是华夏民族血脉的重要组成部分。在后世的发展进程中，随着古羌族部落的不断分化以及数次大规模迁移，并不断与汉族及其他当地民族交融，最终主要集中居住于岷江上游地带的川西北地区，散落分布于甘肃、陕西、青海、西藏以及云南、贵州、四川等部分地区。今天，岷江上游区域的四川松潘县、茂县、汶川县、理县是羌族集中分布区，这一地区的羌族也成为保留羌族文化最完整的一支。

羌族羊崇拜文化在我国源远流长。古羌族是我国西北部以牧羊为生的一个民族，古籍记载中的“西戎牧羊人”正是指的古羌族。任乃强先生认为“羌族是亚洲最早创造牧业文化和进入农业生产的民族”。羊，是古羌族最主要的经济来源，同时，羊作为一种灵性动物，逐渐成为古羌族的信仰图腾，羊崇拜也成为中国早期文明的重要成分之一。自此，“羊”成为吉祥如意的象征，古时的“羊”通“祥”，“吉羊”也正是“吉祥”的意思。因此，我国许多地区、民族的建筑、织物、装饰品中都有大量含有“羊”意味的视觉形象。无论是出土于湖南炭河里遗址的四羊方尊，还是河南二里头文化遗址的兽面纹铜牌，抑或是四川三星堆的羊角神树，都能让人感受到崇羊文化在中华文明中的特殊分量。

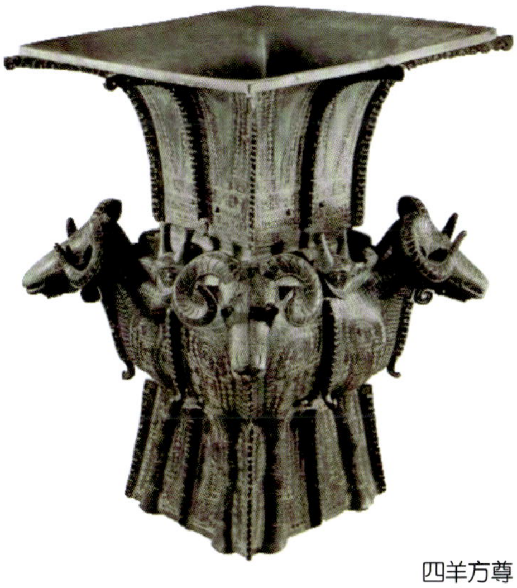

四羊方尊

羌族对羊图腾的崇拜早已渗入其血脉灵魂之中，而有关羊的视觉形象也早已融进各种美术品和设计品之中，如头戴羊头，悬挂羊头，涂鸦羊图像，身着羊皮或羊毛等。其中，最为世人熟知的便是羊头形象，羊头形象已成为羌族最具代表性的视觉形象之一。

羊皮鼓是羌族释比进行法事活动的重要法器。对羌族而言，羊的一身都是宝，其中羊皮是最重要的物质材料之一。羊皮鼓鼓面是由羊皮经晒干、拉紧扯平、刮去羊毛后制成的一完整的鼓面，鼓面周围则缠绕羊毛，有些还配有彩带，羊皮鼓上多刻有羊形象的视觉装饰。传统羌族在进行宗教祭祀之前，一般由释比唱跳羌族羊皮鼓舞，寄寓驱邪避害之意。

羊头崇拜

羊皮鼓

羌族刺绣

羌族刺绣是四川地区的民间传统美术，属国家级非物质文化遗产。羌族刺绣中的羊图案是羌族传统手工艺的重要组成部分，承载着深厚的文化内涵和象征意义。羌绣中羊图案主要以“具象图样＋装饰语言”的表现形式进行艺术化处理，以简洁的线条和几何形状表现羊的特征。羊图案广泛用于羌族传统服饰和家居用品上。羌族刺绣以鲜艳的色彩著称，羊图案常使用红、黄、蓝等亮色，视觉效果强烈；刺绣采用多种针法，如平针、锁针、挑花等，更具层次感和立体感；呈现对称形式，体现了羌族对和谐与平衡的追求。

悬挂羊头或羊角被羌族人视为纪念祖先、趋利避邪，寻求神羊护佑的一种仪式。因此，羊角被大量运用于羌族建筑居住环境的设计中：或是在大门处制作大型的仿羊头雕塑，或是直接将羊头悬挂于屋中的重要墙面，或是制作仿羊角的羊角窗格木纹，抑或是家中仿羊角的日用陶瓷器皿或麻布织物，都为羌族空间环境增添了神秘感、古朴感。

羊崇拜在我国源远流长，而羌族羊文化更是羌族最重要的民族文化，也是我国传统民族文化的瑰宝之一。有关羌族羊的美术品、设计品是对我国羊文化的形象化记录和图像化展现。深入分析古羌文化中那些优秀的视觉艺术形象，有利于探寻和理解隐藏其间的文化内涵和传承价值，提升受众的艺术赏析与审美能力，传承区域优秀的文化艺术。

兽面纹铜牌

（3）绵阳汉代文化遗存——摇钱树

“摇钱树”是我国汉代时期的遗存，其发现最多的区域是四川成都平原，而又以绵阳地区出土的“摇钱树”数量最多，也最完整、精美。“摇钱树”形制包括汉画像砖底部、摇钱树底座、树干、青铜纹饰等组成部分。其中的青铜纹饰形制特殊，包括雀鸟、龙、神猴、西王母及花卉和几何纹样，纹样内蕴既有中原汉文化的影子，也有早期巴蜀文化之三星堆青铜树与汉代地方区域文化相互融合的线索。

早在20世纪80年代，成都平原三星堆就出土了殷商时期的青铜树遗存，其中一号大铜树残高3.96米，树枝上栖息着9只神鸟，展现出古巴蜀文化中对于超越自然力量的敬畏和人神互通的神话意识，并以青铜树这一特殊形式呈现出来。

战国时秦国为了战胜其他六国，最先争夺的地方就是靠近秦国的巴国和蜀国。巴蜀之地，气候温暖、物产丰富，在战国时期就很富饶。秦王在巴蜀之地封公子通为蜀侯，后设巴郡、蜀郡，大量移民进入巴蜀，兴修水利。随着社会的不断发展，具有巴蜀文化特色并和外来文化互动交融的文化遗存就不断在巴蜀大地上被发现发掘，包括绵阳地区出土的“摇钱树”。

自西周时期开始，利用陶范制作与镶嵌的器物纹饰成为主流，并一直被遵循流传。虽然器物纹饰的组织排列方式，仍然以垂直分范的方式进行框架布局及基准对称的水平式对称法为主，但是周代后期由于青铜作为礼器的礼仪形式减弱，在“摇钱树”装饰纹样上出现了不同时间段的纹饰相互叠加组合的装饰系统规则，而这一装饰系统的形成是西周之后，巴蜀文化与中原文化相互交融产生的内涵转变。

战国时期，中原文化对于巴蜀文化的影响不断加强，《楚辞》以及许多汉赋中都开始有相应的不同区域的神灵及瑞兽世界的描写。这些神灵和瑞兽通过不同的故事和形象出现在人们的生活中，并被刻画在器物之上，反映出人们对于神灵与瑞兽的认知和思考。“摇钱树”作为随葬器物，成为人类世界与祖先沟通的神灵载体。其纹饰图像主题包括天体、神灵、瑞兽、车马、花鸟等，这些图像大多是寄寓天意，成为“摇钱树”装饰纹样中的常见符号，并长期成为支撑人类理解神灵世界与祖先的观念体系。“摇钱树”上的装饰纹饰被精心刻画，似乎成为族群群体宗教文化的体现，成为自我维持的视觉系统的必要条件。

绵阳“摇钱树”装饰纹样系统是由众多组件集合的整体，这些组件在某种意义上需要工匠按照既有的规则去设计、组织和铸造，包括雀鸟、龙、西王母等纹样，或是器身上的扉棱和单独制作的动物形象等独立单元纹样。装饰纹样系统的组件既独立存在又有着相互联系。这些装饰纹样在特定的环境之内，专为特定人群及场合而设定，成为成都平原先民在特定时期内表现美的情绪以及族群文化特征的人类行为的产物。

摇钱树装饰纹样局部图

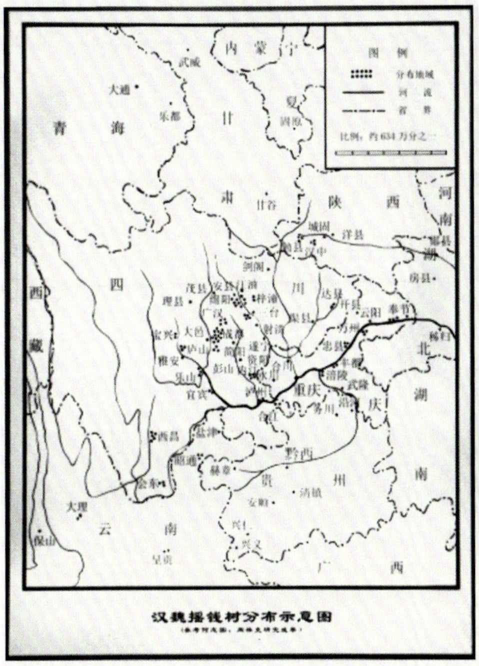

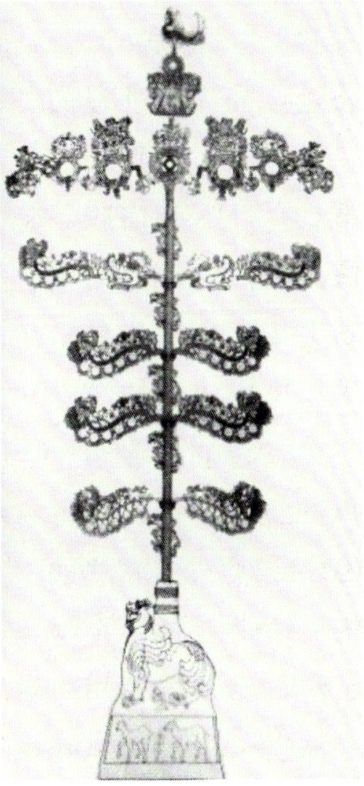

汉魏摇钱树分布示意图

三台灵兴摇钱树

何家山2号汉墓中摇钱树复制图

东汉摇钱树局部

绵阳“摇钱树”上的瑞兽形象，不仅在装饰纹样上出现，也同样出现在“摇钱树”底座以及下部画像砖上。瑞兽的形象最早出现在曾侯乙墓的遗物中，在此墓葬中作为方位性的四个神出现在墓中盛放衣服的箱子中。之后，很多神话传说，包括后羿射日、西王母、四神动物的神灵逐渐在汉墓中替代四神，预示吉祥征兆，而一般刻画在墓室顶端的美丽鸟禽也成为祥瑞出现在汉代的墓葬中。绵阳“摇钱树”装饰纹样集合了汉代墓葬装饰纹样的特点，神话传说人物故事、四神动物、西王母以及美丽禽鸟尽数出现在“摇钱树”的装饰纹样、底座及画像砖上。

东汉摇钱树座

东汉摇钱树边沿画像砖

象征财富源泉、升仙凭借的“摇钱树”，不仅是古代巴蜀大地民俗宗教信仰的遗存，更是中国古代货币文化的物证。“摇钱树”雕刻精美、内蕴丰富，是巴蜀文化和汉文化融合的典型代表，艺术价值和考古价值极高。

（4）绵阳汉代文化遗存——漆木马

绵阳博物馆展陈的西汉漆木马阵，给人以“骏马高车、恢宏仪仗”的视觉感受，令观者流连。此文物于1995年发掘于绵阳永兴双包山2号汉墓，这是一座西汉时期的大型竖穴土坑木椁墓，以其“前堂后寝”的精巧布局，成为四川迄今为止发现的最为壮观的木椁墓之一。墓中随葬有陶器、漆器、铁器、玉器、木器、竹器、钱币等1000余件文物，彰显着墓主人的高贵。最引人注目的当是墓中出土的78匹黑色漆木马，方阵排列，为中国古墓所罕见。2010年11月，西汉漆木马阵应邀参加全国文物保护科技成果展，首次在北京揭开神秘面纱，引起广泛关注。2011年2月19日，中央电视台中文国际频道《国宝档案》栏目播出绵阳西汉漆木马专题节目，给予了这一国宝级文物至高的评价。

以西汉漆木马阵为媒介，探究其蕴含的社会文化价值，可以进一步认知西汉漆器制作工艺和雕塑艺术的美学特征，为我们研究西汉时期丧葬习俗、马文化及更多社会风貌提供了重要实物佐证和借鉴资料。

四川漆器有超过3000年的历史，以光泽细润、精美华丽而著称，是中国最古老的漆艺之一。它发轫于古蜀地，成熟于战国，兴盛于汉代，历经三国、唐宋、明清等朝代的不断推陈出新，传承至今，形成了自己独特的艺术风格和技艺体系。四川漆器源于古法，尤其是“雕花填彩”技艺炉火纯青，出神入化；四川漆器使用本地生漆作为制作漆器的主要原料，这种材料具有防腐、耐酸、耐碱、抗沸水等特点，使器物具有极高的耐用性；四川漆器的色彩运用独具匠心，通常以黑、红、黄三色为主，辅以其他色彩进行搭配和点缀，漆器表面色彩鲜艳、层次分明、富有变化；四川漆器应用范围广泛，不仅用于食具、祭器，还涉及妇女妆盒、乐器、家具、舟车、建筑、兵器等多个领域。四川漆器的代表作品还有金沙遗址出土的斑斓精美的漆艺残片，青川古墓群的战国漆器，绵阳永兴双包山2号汉墓出土的经脉漆人等。学者根据漆器铭文材料和漆器工艺确认了马王堆1号汉墓出土的漆器是成都地区生产的，这也印证了四川漆器在古代的地位和影响。

汉代厚葬之风的盛行给后世留下了许多珍贵史料，四川地区出土了数量众多的丧葬文物，其中绵阳永兴双包山2号汉墓出土的西汉漆木马阵，造型特色鲜明，艺术价值极为珍贵。汉代是中国历史上马业兴盛的时期，马匹在巩固疆域、拓展商贸方面发挥着重要作用，被视为“甲兵之本，国之大用”，很多达官贵胄都会在墓葬中陪葬马以及与马有关的器物。绵阳永兴双包山2号汉墓出土的西汉漆木马形体轮廓、神态描绘极具古代“西极马”的体貌特征，或许其模仿的客观对象即为此马，应有天马崇拜之意。

西汉木胎漆马

从造型方面看，绵阳双包山2号墓出土的西汉漆木马阵，是中国汉代墓室中极为少见的漆木马仪仗队伍。单件马匹采用写实手法，长71厘米，高74厘米。木马身、尾分制，榫卯扣合而成，与马车、骑马俑、驾驭俑等组合成规模庞大、气势宏伟的方形仪仗马阵。马身由整木斫削而成，躯体肌肉健硕，线条硬朗，造型俊美，虎虎生威，展现了汉代工匠高超的圆雕技艺和审美水平。

西汉漆马车

从色彩和工艺方面看，木马通体髹以黑漆，鼻孔、耳窍、眼眶和嘴有涂朱痕迹，这一色彩搭配既显庄重又富有生气，达到形具而神传的艺术效果。木马身上的装饰纹理可能因年代久远且长期浸泡水中而难以辨认，但漆木马五官涂朱这一做法留存下来，蕴含了深厚的文化寓意。朱色在中国传统文化中常被视为吉祥、尊贵、热情与活力的象征，这种色彩的选择赋予了漆木马生命和精神，它不再是冷冰冰的物件，而是具有情感和灵魂的生灵。

西汉漆木马阵

汉马形象经历了一个从外在的实体逐渐向内在的观念意识演变的过程，它不单是一种动物形象，它还具有特殊的符号意义、审美形态和文化背景。而纵观中国美术历史，无论是汉代霍去病的墓石马，还是唐代的“昭陵六骏”，抑或绵阳西汉漆木马阵皆是以强壮健硕的马形象而传达出对应的时代精神，可见马的造型可被理解为一种精神象征。

《赵公镇宅》

《骑车仕女》

（5）绵竹年画

绵竹年画历史悠久，从形式到内容都极具四川地区的民风民俗特色，是中华优秀传统文化和民族民间文化的重要代表，一直延续至今。绵竹木版年画的历史可以追溯到汉代，到北宋时期，随着活字印刷技术的产生，作为印刷品的年画开始在民间流行起来，经过明、清两代的发展，逐渐形成了四川绵竹、天津杨柳青、山东潍坊和苏州桃花坞四大年画制作中心。清代中后期绵竹年画达到鼎盛，年画作坊有300多户，年产量超过1200万份，除了满足我国本土的需求外，还远销印度、日本以及东南亚国家。新中国成立后，绵竹年画在钻研传统艺术表现手法的基础上不断推陈出新，创作出一批又一批极具艺术魅力的新年画。

绵竹年画题材丰富，从最初的桃符人物神荼、郁垒之类门神扩展到人物、花鸟、山水、动物神怪等题材，出现了诸如《披红状元》《赵公镇宅》《双美图》《迎春图》《凤凰牡丹》《老鼠嫁女》《骑车仕女》《魁星点斗》等作品。随着时代变迁和艺术交流的深化，绵竹年画的构图从简洁明晰逐渐演变出多种新颖构图样式。传统绵竹年画构图简洁，主要人物置于画面中央，背景不配色，也不做装饰，形象鲜明突出。现代绵竹年画在遵循“取舍”“虚实”“主宾”“均衡”等构图原则基础上，又创新出诸如三角形构图、S形构图、V形构图、垂直线构图等新的构图样式。

在造型方面，绵竹年画表现出形象生动、夸张变形、抽象概括、程式化的特点，新一代的绵竹年画艺术家在继承前辈经验的基础上，继往开来，不断突破以往的造型观念，推陈出新，创造出更具装饰性、开放性的新绵竹年画造型。由于在印出墨线稿后还需要手工彩绘，所以绵竹年画与其他套色印制的年画相比，人物形象更加丰富生动。如绵竹年画艺术家胡光葵的《骑车仕女》，画中人物与蜻蜓等交相辉映，呈非对称的三角形构图，内容融入现代元素、语汇，开创了墨彩年画新典范，较传统年画更有时代感。

在色彩表现方面，绵竹年画有“黑货”“红货”之分。“黑货”指的是用烟墨或朱砂拓印的木版拓片，分为“插墨”和“落墨”，是单色年画，主要用来表现神话传说和戏曲故事。“红货”指的是彩绘年画，先拓制出多幅单线轮廓，再用多种色彩填色。一般会采用大红、金黄、桃红、蓝绿等纯度高、亮度高的颜色填色，其色彩艳丽、明快，视觉冲击力强，充满吉祥喜乐。同时，绵竹年画讲究配色。上色歌有云：“深配浅，酽配淡，深浅酽淡要相间。”又云：“一黑二白三金黄，五颜六色穿衣裳。”这些配色方法是绵竹民间艺人祖祖辈辈传承下来的审美经验的总结，体现了绵竹年画典型的审美特征。

在绘制技法方面，绵竹年画有八大技法：明展明挂、常行、落墨、印金、花金、勾金、填水脚、素门神。明展明挂是设色时颜色由深到浅，形成色彩亮度的逐层推移，然后再用白粉勾边。明展明挂在视觉效果上能达到色彩明亮疏朗，厚重且有层次感。常行和落墨为相对较为简洁的彩绘，常行是略勾墨线的简单彩绘，是施加其他技法和工艺的基础。落墨以水墨为主，用或深或浅的墨线绘制，也可略加设色。印金是在常行基础上，再复印一次金线版，强化画面视觉效果。花金是用金色花纹装饰袍服，用木刻的单花图案盖印装饰。勾金是用泥金勾线，一般用于人物服饰表现。填水脚以水墨为主，笔墨纵肆，色彩简单素朴，有传统水墨大写意的美学风格。素门神画面不见红色，主要是在过年又遇上丧事的情况下使用。

绵竹年画作为一种具有浓郁地方特色的民间艺术类型，成为不可多得的有着丰厚历史积淀的民俗文化遗产，在当下弘扬优秀传统文化的时代大背景下，极具保护、传承和开发价值。

（6）广元昭化古城

昭化古城，位于四川省广元市昭化区昭化镇，有超过2300年的建城史，古称葭萌，宋朝时改名昭化，白龙江、嘉陵江和清江在此三江汇流，形成“山水太极”的自然景观。昭化是国内目前保存较为完好的三国古城，也是距离我校最近的一座规模化古城，现在仍有近两万人在此居住。古城四面环山、三面临水，三国遗迹众多，民风古朴，素有“巴蜀第一县，蜀国第二都”之称。是剑门蜀道遗址、中国历史文化名镇和全国重点文物保护单位。

昭化古城

昭化古城的建造历史最早可追溯到春秋战国时期，明末清初时达到鼎盛。现存城墙多为明代所建，总长约4.6千米，是全国保存最为完整的古代城墙之一。古城整体呈略带圆形特征的不规则四边形，占地约为0.5平方千米。昭化古城历史文化深厚，城内的建筑布局和民居结构充分体现了川北地区的传统建筑美学。古城至今仍有东、西、北3座城门和文庙、考棚、章家大院、怡心园等多处老建筑留存。城内4条大街、5条小巷，均采用当地青砂石板依照地形随形就势铺就。街道地面中间高、两侧低，中间为引路，展现了古城的独特韵味，也便于雨水进入道路两边的排水暗沟，避免路面积水。古城内，大小街巷的建筑风格独特，融合了多个历史时期的风格特征，这些建筑是古代城市规划理念和建筑艺术的例证，也是剑门蜀道民居文化的重要代表。虽有部分建筑经过修缮有了现代元素，但仍保留了一批完整的明清穿斗式小青瓦覆顶建筑，这种穿斗式构架结构简单却稳固耐用，有着川北民居的独特风貌。城内民居多为木结构墙体、青瓦屋顶，以“外封闭、内开敞、大出檐、小天井”为主要特征，搭配雕花木窗，构成和谐统一、素雅简约的建筑艺术特色，并与周边自然环境相呼应，营造出相得益彰、浑然一体的视觉氛围。

昭化古城内现留存有多处古建筑遗址，南门巷的章家大院，修建于明末清初，已有300多年历史，是川北典型的三进四院落的大型民居，建筑整体因循自然地势而建造，风格古朴，工艺精湛，庭院设施保存完好，被业界誉为川北古建筑的“活化石”。另一座建于清代时期的四合院建筑怡心园也是保存较为完好的古建筑，兼具南北方的建筑艺术特征，重檐、青瓦屋脊的特征较为明显，建筑内部的门板、窗格等细节雕刻装饰都十分精美，并施以彩绘，展现了川北民间艺术的风格特征。城中还有原建于明清时期的数处石牌坊，但这批牌坊在20世纪“文革”时期被毁坏，21世纪初原样修复。其中，葭萌坊高8.6米，宽6.8米，作为昭化古城的入城标志，是古城历史文化的重要象征。葭萌坊整体结构稳固，底座为须弥造型，牌坊上雕刻有“山水太极”“费祎开府治事”等图像，反映了昭化古城奇特的自然景观和三国文化印迹；牌坊还雕有蝙蝠、祥云、凤凰、花卉等寓意吉祥的图案。此外，还有初建于清嘉庆年间的孝友牌坊，高8.48米，宽5.8米，为南方牌坊式样，雕刻装饰以浮雕和镂空雕为主，内容都是寓意美好的孝道文化，如“百里负米”“芦衣顺母”“亲尝汤药”等，这些图案在记述昭化古城相关的历史文化的同时，也具有艺术性和观赏性，是研究明清川北地区民居建筑与雕刻艺术的重要资料。

素描课程教学

学生习作

昭化古城厚重的优秀传统文化和艺术的完整性，深受师生喜爱，又得离学校较近、G5京昆高速直达的便利，开展教育教学较为方便，故我院师生多次前往昭化古城开展课程教学和文化考察活动。

巴中南龛石窟局部

（7）巴中石窟的佛帐形龛

巴中石窟是隋唐时期的佛教摩崖造像，这些宗教雕刻历经千年，留存至今，绝大部分保存完好，艺术价值极高，尤其是龛楣精美，装饰性极强。巴中石窟艺术特征鲜明，在国内石窟艺术中独树一帜，是我国保存较完好、造型特征突出的宗教艺术宝库之一。巴中石窟主要分布于南龛、北龛、西龛、恩阳及清江等巴中城市周边地区，其中，南龛公园的佛教摩崖造像是巴中石窟的重要代表。其精致的佛帐形龛是巴中石窟的主要形式龛，雕刻精美，结构清晰，造型疏密有致，形式手法多样，图案纹样丰富多彩，龛檐、龛楣、龛柱艺术形式多样而统一，装饰性极

强，为研究我国传统造型艺术和装饰艺术提供了极好的蓝本，对四川及整个南方石窟艺术的研究具有示范意义，在宗教、建筑、艺术等诸多方面皆具较高的学术研究价值。然而在过去相当长时间里，由于受交通不便、经济发展滞后等因素的制约，对巴中石窟的保护和研究很是不足，目前国内甚至停止了业界考古范畴的研究，一些学者称之为“未知的和遗忘的唐代佛教雕刻”。这一精彩绝伦、内涵丰富、底蕴深厚的人文景观，在国内没有形成太大的影响，这极不利于文化的交流与传播。

回溯历史，便可探查到巴中石窟创生史。古时候，巴中地处南北交通要塞“米仓道”的重要隘口，唐宋时期非常繁荣：一方面从西域经河西、汉中来此的商旅行人众多，他们既可经此深入蜀地，又可来川走水路通达江南广大地区，在南龛石窟上就留有“凉商”的题记；另一方面来往京都的许多达官显贵常在此驻留，隋唐时期佛教非常兴盛，这些南来北往的各色人物便在此开窟造像，留下了许多精美的佛教石刻艺术品。据调查统计，巴中石窟现存有500余龛窟，8000多尊造像，其中绝大部分龛窟属隋唐时期雕刻。石窟大部分为摩崖石刻龛像，其最显著的特点：一是造像精美，艺术美学风格呈现唐代审美范式；二是内容丰富，融入大量的巴中当地特色；三是佛帐形龛众多，结构复杂，做工精美，装饰性极强。

巴中南龛石窟局部（龛楣）

巴中南龛石窟依傍山体，在一块巨大的整石墙上雕刻而成。窟龛结构形式大部分为多重龛，外龛呈方形，内龛多为佛帐形龛、圆拱形龛等形式。佛帐形龛是巴中石窟的主要形式龛，结构复杂，形式多样。佛帐形窟龛顶部多饰重檐，重檐下悬帐、铃等物形成龛楣，龛楣下两边设不同形态的帐柱，帐柱下部装饰帐础或雕刻力士，佛帐内设坛建菩萨，形成一个单元窟龛。巴中石窟均施以彩绘，以金色、土红、紫红、蓝色、绿色、白色等为主要色彩进行绘制，使窟龛清晰精美，气势磅礴，充分体现了唐代彩雕的艺术特色。

巴中南龛石窟局部

这里仅就精美的石窟佛帐艺术做简要分析。

龛檐有单层檐和多重檐之分，龛檐顶上多饰植物、灵兽、宝珠、瓦当等图案，呈屋檐造型，故人们将佛帐形龛俗称为“屋形龛”。重檐上层檐多饰方格莲花、花叶宝珠等图形纹样，方形单元纹样呈二方连续横向展开，其工艺手法多为浅浮雕形式，下层檐多饰卷草、灵兽、方格团花等纹样，方形单元纹样呈横向对称分布；雕刻手法为浮雕或镂空雕，重檐结构复杂，层次分明，不同龛窟样式各异，但又多样统一。

龛楣装饰精巧，绝大部分为长方形龛楣，有少许龛楣呈圆拱形。长方形龛楣大部分分为上下两层，图案以方形团花、传统回形几何纹样、倒三角形等为主，下层悬帐幔、风铃、珠链等图案纹样，上下层均以单位几何纹样呈二方连续横向分布，也有少数内层圆拱形龛楣以飞天、祥云、天神等为图案纹样对称分布，龛楣雕刻以深浅浮雕、镂空雕等装饰形式为主。巴中石窟龛楣的精细与多彩是我国石窟艺术中的一道亮丽的风景，具有很高的美学价值。

巴中西龛53号窟

帐柱呈方形、八棱形、圆形及莲花等几何纹样重叠的形式，有的帐柱用深浮雕形式雕刻成楼阁建筑形式；有的帐柱在正面和侧面采用浅浮雕或镂空雕镶嵌方格团花、回形几何纹样、牡丹纹等图案，纵向二方连续分布；有的帐柱上缠龙抱柱，雕刻栩栩如生，惟妙惟肖。在两根帐柱下雕刻有生动的力士，并在柱基上覆盖莲花图形，部分帐柱两侧雕饰有飞天图纹。帐柱是佛帐形龛的重要组成部分，多样的形式，精巧的雕刻，匠心独具，艺术特色鲜明，极有研究价值。

巴中西龛53号窟，亭台楼阁重重叠叠耸立于云端，斗拱、挑檐美轮美奂，力士夸张造型，呼之欲出，左右帐柱对称而又富于变化，极其真实地反映了唐代建筑风格特征，也是学者考察唐代建筑艺术的标本。

总之，巴中石窟佛帐形龛精美的工艺和卓越的艺术品质，凸显了巴中石窟的人文价值和艺术魅力。

绵阳及周边区域还有德阳三星堆文化、成都金沙文化等享誉世界的文化形态，以及三台郪江汉墓、三台云台观、剑阁觉苑寺、平武报恩寺、蓬溪宝梵寺等全国重点文物保护单位，都是我院优秀传统文化与美育融合教育的主要场域和题材，这里就不一一赘述。

学院区域传统文化建设空间花絮

2. 发挥公共空间的在地使用效能，促进优秀传统文化的可视化建设

在区域优秀传统文化研究取得一定理论成果的基础上，美术与设计学院成立专题组，进一步从宏观层面展开区域优秀传统文化的校内可视化建设研究和校外实践基地建设，统一规划，开展展示陈列研究和教育实验，总结凝练项目研究的理论价值和自身特色。

众所周知，西部地方高校普遍受到场地、资金等客观条件的限制，大多都不太可能按图索骥像重点大学那样建设规模化的博物馆、民俗文化馆，而充分利用学校现有的空间规划建设文化特色鲜明、地域性强的小规模优秀传统文化展示陈列空间，确实可以作为很好的选项。我校现有的4000余平方米优秀传统文化展示陈列空间，是以视觉艺术为研究视域，挖掘整理区域优秀传统文化资源，充分利用学校在地空间分批次、分主题进行的展陈设计与建设，其中有1200平方米的室内空间和1500平方米的室外园林，是学校划拨的专题专场展示陈列空间，其余展陈空间都建设在教学区域，大部分是在已经建设完成的学校在地空间上面巧妙设计构建，兼具陈列展示与教育教学活动双重功能。视觉艺术类课程教学本身就是一种文化学习活动，如果把相关专题学习或设计实践课程安排在优秀传统文化展示陈列空间，学生耳濡目染，潜移默化，十分有利于学生对优秀传统文化内涵的理解、传承与创新。

如前所述，自2005年以来，李兵教授、龚浩教授相继主持四川省社科项目“白马藏族原生态文化研究与保护”“白马藏族民间美术传承研究”。项目研究期间，我们就开始收集区域优秀传统文化的相关物件史料，随着后续学院教师主持的区域优秀传统文化项目的逐渐增多，以及区域优秀传统文化可视化建设项目的推进，我们开始有的放矢地根据学院各专业教育教学的需要和绵阳及周边区域优秀传统文化资源情况，采购相关优秀传统文化资料和物件，迄今为止，已经积累了千余件优秀传统文化物件和载体，如汉陶、汉砖、白马藏族民俗物件、羌族民俗物件、文昌年画、汉砖拓片、郪江汉墓墓壁浮雕拓片、西安碑林拓片、川西民间家具等。项目推进过程始终得到学校财力、物力的支持和保障，并坚持对全校师生开放区域优秀传统文化展示陈列空间，组织专题展示教育活动，又为项目的进一步深入研究提供了空间依仗和物资保证，推动项目研究步入良性循环轨道。

民间美术（白马藏族）陈列室

学术主持：龚　浩

建设时间：2015年

位置和面积

陈列室位于绵阳师范学院高新校区美术楼2楼212室，展厅面积约100平方米。

陈列内容

主要陈列展示的是课题组成员从白马藏族聚居地收集到的白马藏族民间（传统）服饰、民俗生活用品、文献调研资料、民族风格建筑装饰、民居模型，以及课题组咨询报告、发表的相关学术论文、白马文化主题绘画创作等相关研究成果。

建设及开放概况

2015年，教育部人文社会科学研究项目“白马藏族民间美术传承研究”（12YJA760015）进入后期研究阶段，在学校和美术与设计学院的大力支持下，经过课题组一年多的筹备、设计和组织施工，我校民间美术（白马藏族）陈列室于2016年3月底建设完成，4月6日正式对全校师生和社会各界开放。绵阳市文化广播电视和旅游局、社科联领导，平武县（白马藏族聚居地）县委书记、县长，绵阳师范学院党委书记、校长等各界领导和嘉宾莅临陈列室视察参观，对展厅的设计建设工作和展示效果给予了指导和肯定。同时，展厅的建设完成，从视觉艺术的角度将珍贵的白马藏族优秀传统文化实实在在地存留下来并传承下去。展厅有专人负责管理和开放工作，为更多的人认识了解白马文化提供了保障。此外，项目组在教育教学活动中，依托展厅把白马藏族的民族民间文化融入校级美育选修课程“民族审美文化”和美术学、环境设计、服装与服饰设计等本科专业相关课程教学体系，支撑课程实践教学环节，成效显著。综上可见，民间美术（白马藏族）陈列室已经成为绵阳师范学院大学生民族文化教育的重要窗口。

白马藏族服饰

汉砖拓片展示陈列室

学术主持：方　晓

建设时间：2017年

位置和面积

陈列室位于绵阳师范学院高新校区美术楼2楼203室，展厅面积约100平方米。

陈列内容

主要陈列展示的是汉代墓室砖、汉墓浮雕壁画等60余件拓片。收藏范围以四川省及周边省份为主，也有少许拓片来自山东、河南等地区。

建设及开放概况

汉砖拓片展示陈列室是汉陶艺术展示陈列室的延展和补充，物件收集范围更加宽泛，又以朱砂红宣纸拓印为主。汉代墓室砖、汉墓浮雕壁画拓片内涵丰富，积淀着深厚的历史文化底蕴。拓片展示图样包括人物、动物、篆书、虫鸟、饕餮纹、朱雀纹等，题材主题涉及神话、历史和汉代民俗等，图样精美，是反映汉代社会生活的百科全书，具有较高的艺术价值和人文价值。

2017年，项目组在学校和美术与设计学院的大力助推下，完成了汉砖拓片展示陈列室的设计建设，并对全校师生开放。展厅在教育教学中，将汉代美学典范——汉砖拓片加持到校级美育选修课程“中国美术鉴赏”、美术学本科专业“中国美术简史”和设计学“专题设计”等课程教学中，对于学生理解传承和创新应用我国传统纹样起到良好的促进作用。

梓潼文昌年画展示陈列室

学术主持：陈桂权

建设时间：2015年

位置和面积

陈列室位于绵阳师范学院知行楼2楼206室，展厅面积约150平方米。

陈列内容

主要陈列展示的是清末民初留存的文昌年画，如《文武门神》《如意加官》等，以及现当代创作的文昌年画新品，如《文昌加冠》《魁星点斗》《鹿鹤同春》《两弹精神》等近百幅作品。

建设及开放概况

我们在优秀传统文化可视化建设方面，非常注重对绵阳本地非物质文化遗产的研究与展陈。四川绵阳市的梓潼县，是文昌文化的发源地，也是文昌祖庭所在地，被誉为“文昌帝乡”。视觉艺术中的文昌文化，主要体现在建筑、壁画、年画等形式中，尤以年画最具代表性。作为巴蜀地区的重要文化遗存，梓潼文昌年画在艺术语言和内涵表达上表现出世俗性和地域性的特征，包含有大量文昌神话传说、文昌民俗文化、本地民间故事、喜庆吉祥等内容，如“文武门神”“如意加官”“采莲童子”“童子戏蝶”等题材。而如今的梓潼文昌年画，传承人在传统年画的基础之上，又融入了梓潼当代的地域文化和时代精神，语汇表现也更为丰富，他们创作的《文昌加冠》《魁星点斗》《鹿鹤同春》《知法明德》《众志成城》《两弹精神》等作品，使梓潼文昌年画焕发出新时代的生机。我们将收藏的近百幅作品，进行开放式的陈列展示，拓展了我校区域优秀传统文化与美育融合的重要传播与学习空间。

文昌年画新品

平武县委领导参观展厅

民间美术（白马藏族）陈列室

汉陶艺术展示陈列室

学术主持：方　晓

建设时间：2017年

位置和面积

陈列室位于绵阳师范学院高新校区美术楼2楼208室，展厅面积约100平方米。

陈列内容

主要陈列展示的是从绵阳市及周边区域收集到的各类汉代陶俑、汉墓室砖、器皿、汉墓浮雕壁画拓片等百余样物件。

建设及开放概况

汉代厚葬之风的盛行给后世留下许多珍贵资料，为后世打开了洞观汉代社会生活状况的方便之门。四川汉代出土陶俑数量众多，艺术价值极为宝贵，尤以绵阳郪江古墓、何家山等地出土的说唱俑、舞蹈俑为傲，堪称我国汉陶中的珍品。绵阳汉代陶俑的收藏在民间极为盛行，基于此，学院一直致力于对汉陶的收藏，十多年来，收集到的各类汉代陶俑、汉墓室砖、汉墓浮雕壁画拓片等物样已逾百件，极具艺术价值和历史价值。

在学校和学院的双重支持下，汉陶艺术展示陈列室于2017年完成设计建设，并与其他优秀传统文化展厅一起对全校师生开放。汉陶，这一具有区域鲜明特色的优秀传统文化，被引进并融入校级美育选修课程“中国美术鉴赏”和美术学本科专业“素描形式语言研究”等课程的教学实践中，再跟进课程专题展览，取得了积极的成效，获得教育部师范类专业认证专家和本科教育教学审核评估专家的高度评价。

汉陶艺术展示陈列室

学生课堂习作

“素描形式语言研究”课程教学

汉砖拓片展示陈列室

梓潼文昌年画展示陈列室

西安碑林拓片展示陈列室

学术主持： 方　晓

建设时间： 2015年

位置和面积

陈列室位于绵阳师范学院高新校区美术楼2楼205室、207室，展厅面积约200平方米。

陈列内容

主要陈列展示的是西安碑林原碑拓片40余张，主要有《曹全碑》《东汉高颐阙铭文本》《唐雁塔圣教序旧拓》等拓片。

建设及开放概况

早在20世纪末，学院就开始收藏西安碑林拓片。我校地处川西北地区，毗邻陕西省，学院李兵、段建军、岳瑶等多位专业教师毕业于西安美术学院，陈建军、方晓等老师与西安碑林博物馆、陕西省美术家协会、陕西省书法家协会等单位长期保持着交流互动的关系。20世纪末，西安美术学院刘文西、戴希斌等多位教授来校讲学，为我们收藏西安碑林拓片创造了条件。20多年来，我院收藏了西安碑林原碑拓片40余张，大部分都是西安碑林的经典拓片，艺术价值极高。后来西安碑林禁止原碑拓片，这批拓片就显得弥足珍贵了。

2015年，西安碑林拓片展示陈列室设计建设完成，并对全校师生开放，成为学院书法课程教学的主要场地。自开放以来，西安碑林拓片展示陈列室承接了大量社会各界书法专业人士和书法爱好者的考察学习，为学院的专业建设提供了切实支撑，取得了良好的办学效益和社会效益。在2023年教育部本科教育教学审核评估和2021年师范类专业认证期间，专家们对学院西安碑林拓片展示陈列室的收藏质量和教育教学实践给予了充分肯定。

川西传统家具展示陈列室

学术主持： 丁文涛

建设时间： 2020年

位置和面积

陈列室位于绵阳师范学院高新校区美术楼2楼210室，占地面积约100平方米。

陈列内容

主要陈列展示的是川西民间传统家具，如雕花架子床、贡案、窗花、八仙桌、太师椅、梳背椅等30余件。

建设及开放概况

川西传统家具展示陈列室的设计建设，最初源于“产品设计”“室内设计”等专业课程教学需要，后来，学院在推进区域优秀传统文化相关课题研究过程中，从民间陆续收藏了几十件晚清和民国时期的川西民间家具，诸如雕花架子床、雕花贡案、双面雕花窗、八仙桌、太师椅、梳背椅等物件，做工精巧，形制典型，艺术价值较高。2020年设计建成的川西传统家具展示陈列室与其他优秀传统文化展厅一样对全校师生开放，成为学校师生接受优秀传统文化教育和美育的场所。同时，也是学院环境设计、视觉传达设计本科专业的课程教学实践空间。展厅自开放以来，接待了大量社会各界人士和家具爱好者的考察学习，广受好评，并在2022年教育部师范类专业认证期间，得到专家的充分肯定，成为评估专家交流谈话的指定空间。

3. 拓展校外优秀传统文化场馆教育基地，丰富学校周边优秀传统文化教育资源

地方高校要全面贯彻落实《关于实施中华优秀传统文化传承发展工程的意见》的精神，达到优秀传统文化传承教育的目标，必须构建全方位的教育教学实践路径，只有校内优秀传统文化的可视化场馆建设是远远不够的。祖国大地蕴含着丰富的优秀传统文化资源，上下五千年，纵横九万里，文化之风尚，文明之脉络，源远流长，即便是绵阳及周边地区的优秀传统文化也值得深挖。我们结合教育教学和区域实际，走访调查，踏勘采访，深入研究，充分挖掘区域优秀传统文化资源，在校外建立一批区域优秀传统文化实践基地，支撑优秀传统文化专题教育和美术与设计类专业课程实践教学，丰富优秀传统文化教育资源。同时，我们也会根据部分课程教育教学的需要，组织学生前往山西永乐宫、甘肃敦煌和贵州千户苗寨等较远的地方开展教育教学活动。

总之，我们一方面实施校地协同创新，与各地文物局、文化和旅游局等单位协作，充分挖掘国家级、省级重点文物等地方优秀文化遗产资源优势，在学校周边地区建设一批优秀传统文化教育教学实践基地，如平武报恩寺、剑阁觉苑寺等，联动开展理论研究、文创设计、展览展示和文化推介等活动；另一方面，实施馆校合作，促进优秀传统文化的传承发展，如广汉三星堆博物馆、北川羌族民俗博物馆、绵竹年画博物馆、广元市千佛崖石窟等。校内校外区域优秀传统文化教育教学基地建设基本完善后，在专业建设和课程教学中就需充分发挥优秀传统文化的主线引领和多功能支撑作用，积极开展教育教学活动，实施优秀传统文化视觉的现场教学、浸润教育，以厚重的文化滋养心田，教育学生爱国、爱乡、爱家，提升学生中华优秀传统文化素养，达到传承弘扬中华优秀传统文化之目的。

我校区域优秀传统文化校外教育实践基地一览表

广汉三星堆博物馆	成都金沙遗址博物馆	绵竹年画博物馆
北川羌族民俗博物馆	绵阳博物馆	成都博物馆
梓潼文昌帝君祖庙	三台郪江古镇（汉墓群）	安岳石窟
广元皇泽寺	大足石刻	广元市千佛崖石窟
巴中石窟	平武报恩寺	蓬溪宝梵寺
新津观音寺	德阳文庙	剑阁觉苑寺
三台云台观	昭化古城	阆中古城
山西芮城永乐宫	贵州黔东南（宁航）蜡染基地	北川云云羌刺绣基地

川西传统家具展示陈列室

学术主持：丁文涛

建设时间：2020年

位置和面积

陈列室位于绵阳师范学院高新校区美术楼2楼210室，占地面积约100平方米。

陈列内容

主要陈列展示的是川西民间传统家具，如雕花架子床、贡案、窗花、八仙桌、太师椅、梳背椅等30余件。

建设及开放概况

川西传统家具展示陈列室的设计建设，最初源于“产品设计”“室内设计”等专业课程教学需要，后来，学院在推进区域优秀传统文化相关课题研究过程中，从民间陆续收藏了几十件晚清和民国时期的川西民间家具，诸如雕花架子床、雕花贡案、双面雕花窗、八仙桌、太师椅、梳背椅等物件，做工精巧，形制典型，艺术价值较高。2020年设计建成的川西传统家具展示陈列室与其他优秀传统文化展厅一样对全校师生开放，成为学校师生接受优秀传统文化教育和美育的场所。同时，也是学院环境设计、视觉传达设计本科专业的课程教学实践空间。展厅自开放以来，接待了大量社会各界人士和家具爱好者的考察学习，广受好评，并在2022年教育部师范类专业认证期间，得到专家的充分肯定，成为评估专家交流谈话的指定空间。

经典国画（高仿真）陈列室

学术主持：杨　杰

建设时间：2015年

位置和面积

陈列室位于绵阳师范学院高新校区美术楼2楼201室，占地面积约100平方米。

陈列内容

主要陈列展示的是中国历代（仿真）名画。有范宽的《溪山行旅图》、刘松年的《罗汉图》、王蒙的《青卞隐居图》、沈周的《庐山高图》等共计50余件作品。

建设及开放概况

临摹古代名画是美术学专业“中国画”课程教学的重要环节，现有的美术作品画册，无论是像素大小还是尺寸大小都无法与作品原作相比，所以，建设经典国画（高仿真）陈列室就成为学院专业建设的必然之举。21世纪初，学院开始购置大量中国历代名画高仿真复制品，学院购置的首批作品是由日本二玄社和台北故宫博物院合作印制的中国古代高仿真复制品，有宋代范宽的《溪山行旅图》、刘松年的《罗汉图》，元代王蒙的《青卞隐居图》，明代沈周的《庐山高图》等50余件作品。2015年，随着经典国画（高仿真）陈列室设计建设完成，上述名画仿真作品得以陈列展出，展厅既是学院“中国画”课程教育教学场地，也是全校师生了解、学习中国传统书画艺术的教育基地。

中国画课程教学

学生研习

四川民间生活展示陈列厅场景设计

四川民间生活展示陈列厅

学术主持：高　悟

建设时间：2018年

位置和面积

陈列厅位于绵阳师范学院高新校区知行楼2楼207室、208室，展厅面积约500平方米，分民居建筑、民间生活两个展区。

陈列内容

主要陈列展示的是四川及周边地区的汉族民间生活场景，以及羌族、藏族、彝族等少数民族地区的传统民居模型、生活环境和民俗活动营造、少数民族服饰等内容。

建设及开放概况

绵阳市辖区面积20000余平方千米，民俗民风相沿积久。文昌庙会、睢水踩桥等民俗文化活动源远流长，白马藏族、西羌文化特色鲜明。四川民间生活展示陈列厅主要以绵阳为主，辐射周边区域，收集汉族、羌族、藏族、彝族等民间民俗物件，全景式设计婚丧礼仪、节庆文化、世俗风仪等展示场景；艺术化营造民居建筑、劳动场景和自然景观，是蜀地历史与生活的一部立体化的视觉长卷。在学校的大力支持和四川民俗文化中心的主导下，2018年四川民间生活展示陈列厅设计建设完成，在教育教学实践中，为环境设计、视觉传达设计和服装与服饰设计等本科专业的“景观设计”“家居设计”“民族民间审美”“服装服饰设计”等课程的教学实践提供了空间资源。同时，展厅自建设开放以来，接待了大量社会各界人士和师生的参观考察，成为四川省社会科学重点研究基地——民间文化普及基地。

师生考察四川民间生活展示陈列厅

学生参观川西农耕文化展示陈列厅

川西农耕文化展示陈列厅

学术主持： 高　悟

建设时间： 2018年

位置和面积

陈列厅位于绵阳师范学院高新校区知行楼2楼213室、214室、215室、216室，占地面积约500平方米。

陈列内容

主要陈列展示的是绵阳及周边地区的乡村农耕文化物件1000余件，涉及农业、养鱼、养蚕、木工、纺织以及日常生活等诸多方面的内容。

建设及开放概况

农耕文化是农民在长期农业生产中形成的一种风俗文化，是四川最广泛最古老的文化之一。古蜀农耕文化沿袭久远，内涵丰富，为了表达对农耕文明的崇敬之意，使学生感受祖辈的辛勤劳动和聪明才智，传承农耕文化的精神财富，在学校的大力支持和四川民俗文化中心的主导下，川西农耕文化展示陈列厅于2018年设计建设完成。展厅以实物为主体，以时序和工序为主线，对四川的农业发展历史、农业工具的使用状况、农业生产耕作体系、农业祭祀习俗、农史名人、物候和农时、手工业、纺织业、畜牧交通等方面进行系统的陈列展示。展厅的布展分百工生计、桑蚕纺织、秋收冬藏和春耕夏耘等几个部分。川西农耕文化展示陈列厅自建设开放以来，接待了大量社会各界人士和师生的参观考察，成为学校师生农耕文化教育的主要场所，并与四川民间生活展示陈列厅合建成为四川省社会科学重点研究基地——民间文化普及基地。

园区景观

李白诗歌文化园

学术主持：黄　彬

建设时间：2020年

位置和面积

李白诗歌文化园位于绵阳师范学院高新校区草溪河边，紧邻学校图书馆和学生宿舍，占地面积约1500平方米。

陈列内容

主要陈列展示的是青年李白雕塑，以及李白的诗歌《蜀道难》《将进酒》《峨眉山月歌》《望庐山瀑布》等共计50余件作品，诗歌以行书、草书、隶书等书法形式在青石上雕刻而成，疏密有致地分布于整个园区。

建设及开放概况

诗仙李白是中国唐代最伟大的浪漫主义诗人，他的诗歌对后世文学艺术产生深远影响，是中华民族文化传承与发展的重要组成部分。李白与绵阳有深厚的渊源，学校高度重视李白诗歌文化的传承与研究，划拨1500平方米园林用地，委托美术与设计学院统一规划设计，在四川李白文化研究中心的支持下，于2020年设计建设完成李白诗歌文化园。园区展示主题雕塑《青年李白》及50余首李白诗歌的代表作，以行书、草书、隶书等书法形式在青石上雕刻而成，附英汉两种文字诠释，同时园内还设计建设有太白亭、诗歌长廊等附属设施，整个园区环境优美，景色宜人，文化和艺术氛围浓厚。自建成以来，李白诗歌文化园已经成为全校师生了解、学习李白诗歌文化和户外交友、学习等的最佳去处。

园区景观

3. 拓展校外优秀传统文化场馆教育基地，丰富学校周边优秀传统文化教育资源

地方高校要全面贯彻落实《关于实施中华优秀传统文化传承发展工程的意见》的精神，达到优秀传统文化传承教育的目标，必须构建全方位的教育教学实践路径，只有校内优秀传统文化的可视化场馆建设是远远不够的。祖国大地蕴含着丰富的优秀传统文化资源，上下五千年，纵横九万里，文化之风尚，文明之脉络，源远流长，即便是绵阳及周边地区的优秀传统文化也值得深挖。我们结合教育教学和区域实际，走访调查，踏勘采访，深入研究，充分挖掘区域优秀传统文化资源，在校外建立一批区域优秀传统文化实践基地，支撑优秀传统文化专题教育和美术与设计类专业课程实践教学，丰富优秀传统文化教育资源。同时，我们也会根据部分课程教育教学的需要，组织学生前往山西永乐宫、甘肃敦煌和贵州千户苗寨等较远的地方开展教育教学活动。

总之，我们一方面实施校地协同创新，与各地文物局、文化和旅游局等单位协作，充分挖掘国家级、省级重点文物等地方优秀文化遗产资源优势，在学校周边地区建设一批优秀传统文化教育教学实践基地，如平武报恩寺、剑阁觉苑寺等，联动开展理论研究、文创设计、展览展示和文化推介等活动；另一方面，实施馆校合作，促进优秀传统文化的传承发展，如广汉三星堆博物馆、北川羌族民俗博物馆、绵竹年画博物馆、广元市千佛崖石窟等。校内校外区域优秀传统文化教育教学基地建设基本完善后，在专业建设和课程教学中就需充分发挥优秀传统文化的主线引领和多功能支撑作用，积极开展教育教学活动，实施优秀传统文化视觉的现场教学、浸润教育，以厚重的文化滋养心田，教育学生爱国、爱乡、爱家，提升学生中华优秀传统文化素养，达到传承弘扬中华优秀传统文化之目的。

我校区域优秀传统文化校外教育实践基地一览表

广汉三星堆博物馆	成都金沙遗址博物馆	绵竹年画博物馆
北川羌族民俗博物馆	绵阳博物馆	成都博物馆
梓潼文昌帝君祖庙	三台郪江古镇（汉墓群）	安岳石窟
广元皇泽寺	大足石刻	广元市千佛崖石窟
巴中石窟	平武报恩寺	蓬溪宝梵寺
新津观音寺	德阳文庙	剑阁觉苑寺
三台云台观	昭化古城	阆中古城
山西芮城永乐宫	贵州黔东南（宁航）蜡染基地	北川云云羌刺绣基地

学生在北川考察羌族文化

学生在河南龙门石窟考察

山西永乐宫实践基地建立

学生在绵竹年画博物馆考察

4. 整合优秀传统文化线上资源，发挥信息技术教育优势

信息技术作为现代科学技术的基础与核心已对社会生活产生了深远的影响，其图、文、声、像并茂的复合传递形式，对当代教育教学的意义重大，不仅有助于提升教育教学效率和质量，还有助于促进教育的创新和学生的全面发展。

中华优秀传统文化博大精深，瑰丽璀璨，优秀传统文化的可视化建设虽然有视觉直观性和浸润教育的价值，但仅就优秀传统文化做陈列展示还是不够的，所以，在校内优秀传统文化教育资源的可视化建设方面，还需针对我国无数的优秀传统文化资源，充分发挥现代信息技术优势，建设优秀传统文化线上资源库，满足教育教学的需要。同时，凭借互联网，学生可以快速链接，轻松地获取到海量的优秀传统文化信息、资料，包括古籍文献、音频视频资料等。信息技术因其独特的优势，扩展了优秀传统文化的学习资源，拓宽了学生们的学习视野，为高校学生学习优秀传统文化提供了极大的、不可替代的便利。

正因如此，我们围绕优秀传统文化线上资源库的建设做了以下努力：首先，我们根据区域优秀传统文化资源的研究成果，对其进行数据处理、编辑、存储、播放等，形成数字化的教育模块，成为学校优秀传统文化可视化呈现的重要部分。其次，收集或采购视觉艺术方面的中华优秀传统文化数据资源，用于教育教学。如收集下载的央视CCTV-9、CCTV-10频道关于优秀传统文化的资料，采购的中国历代经典名画高清电子图片，学院区域优秀传统文化调研或教学成果的相关视频资料等。最后，在优秀传统文化可视化展示空间设置数据化展示平台，实施音频视频展播，学生也可以借助现代数据设备查阅、学习相关优秀传统文化资源，增强学生的学习体验和学养厚度。此外，借助学校的虚拟现实实验室、校园数字媒体展示屏等设施设备，宣传和播放优秀传统文化短片，促进了优秀传统文化的传播与交流，使学生能够更加多维而深入地了解优秀传统文化的内涵与价值。

总体而言，在优秀传统文化传承与美育融合的教育教学中，充分发挥现代信息技术的功能优势，将信息技术落实到优秀传统文化教育教学实践中去，丰富学生学习方式，让信息技术成为学生认知、探究优秀传统文化的重要工具，在优秀传统文化传承发展中发挥它的积极作用是应然之举，符合传承和弘扬中华优秀传统文化的实践要义。

CHAPTER 3 / 三

优秀传统文化作为美育课程资源的教育方法与创新实践

优秀传统文化作为美育课程资源的教育方法与创新实践

EDUCATIONAL METHODS
AND INNOVATIVE PRACTICES OF EXCELLENT TRADITIONAL
CULTURE AS AESTHETIC EDUCATION
CURRICULUM RESOURCES

我校地处川西北地区，是典型的西部地方高校。为办好教育，我们曾考察学习国内外多所大学相关专业的办学理念和特色，汲取先进经验为我所用，扬长避短，苦练内功，努力积淀治学文化，力争将我院美术与艺术类本科专业办出特色，为地方社会培养需要的艺术人才。

目前国内不少美术院系，在专业教学上普遍存在两种弊端：一是过于强调物理的准确性，忽视心理准确性，以苏式学院派教学内容为主，使一些学生在掌握了一套写实的造型功夫之后，沾沾自喜，以为就此进入了艺术殿堂，更多的学生则因具象写实能力偏弱而自厌天赋不够并丧失学习信心；二是不少学院津津乐道于那些源自欧洲、美国的艺术观念，以及与自己民族、本土生活不太相关的“后现代”“全球化”等时髦潮流，学生追逐时髦还自诩为“革命新派”的表现方式。面对西方的思潮与生活方式对国人的影响甚嚣尘上，人们对自己的文化缺乏认同和自信的局面，高校应是倡导和弘扬中华民族优秀传统文化的中坚，需要努力做到将传统艺术与现当代艺术融合，将专业基础教育与审美情感融合，完善学生人格，培养有历史感、使命感和责任感的合格艺术人才。故此，我们需要探寻符合中国高等美术院校艺术教育理念和实践的方向和路径。

十九大报告对我国高等艺术教育、发展定位提出了更高要求。地方高校人才培养，要以服务地方文化传承和经济社会发展为优先目标，绝不能迷失方向，盲目跟风，追求所谓“高大上”。地方高校艺术教育更要根据资源环境、社会需求，切实做好合理定位，注重内涵建设和特色打造。

在此，仅就我校美术与艺术设计专业教学和全校美育课程教育中，关于强化本源文化的一些理念、设想及实践方法做如下阐述。

工欲善其事，必先利其器。20年前，我院便以李兵教授主持的省级精品课程“素描”为主线，精心构建课程体系内涵，将学院派造型表现语言、民族文化观念与当下艺术元素进行融合，探究形式语言呈现的方式，有步骤地推进改革课程教学内容，有目的地深入到学校周边的巴中、广元、大足、安岳等地的石窟，昭化、黄龙溪、平乐等古镇，以及绵阳本地的一些古汉阙、古壁画等优秀的文化遗产中进行写生、创作。这里所指的教学有别于短期外出考察、采风活动，更多的是将素描、色彩、国画等专业基础课堂教学延伸到室外，比如，美术学国画方向学生到剑阁觉苑寺进行国画临摹学习近一个月；油画方向学生在广元皇泽寺和昭化古镇进行素描写生十余天；设计类所有专业均开设“民族文化考察”课程，考察结束要求与专业充分结合完成作业并举办课程汇报展览。古人讲“熟读而精思”，将素描、色彩等部分课程造型训练与古石窟、古建筑或校内民族文化展示陈列厅结合；将国画临摹教室放在觉苑寺、报恩寺或校内经典国画（高仿真）陈列室等现场进行摹写；将优秀传统文化有意识融入设计课程教学之中……氛围烘托，环境浸润，学生身处其中必将被熏染、被育化并由衷生发对中华优秀民族文化的独立思考和领悟认同。东方特有的造型法则和规律呈现的东方式形象元素，会在学生的现场学习过程中悄无声息地进入他们的思想意识和认识系统，使他们身临其境地体会艺术作品整体氛围，更可开阔学生的心胸和视野，这完全是无法在学校教室里达到的预期，对于锤炼学生意志、完善学生人格有事半功倍的效用。

随着我校区域优秀传统文化可视化建设和校外实践基地建设的基本完成，学院从视觉艺术的角度，着力于“挖掘地方资源”“场馆展示浸润”“融入课程教学”“创设多元活动”“信息技术呈现”5个方面的深入探讨与应用实践已经初见成效，为实施优秀传统文化与美育融合的教育提供了条件，促进了学校内涵建设和人才培养质量的提升。

（一）优秀传统文化传承与美育融合教育的课程框架

根据教育部本科专业认证要求，将中华优秀传统文化传承与发展纳入人才培养目标要求，按照目标要求开设相关课程并在专业课程目标中明确优秀传统文化传承的素养要求。创新人才培养模式，深化教育教学改革，构建地方高校中华优秀传统文化与美育融合育人的课程体系。

1.“一核两轴多元”人才培养模式的探索与实践

我院视觉艺术类本科专业已有20多年建设与发展历程，现开办有美术学、环境设计、视觉传达设计和服装与服饰设计等4个专业，有在校生1500余名，面向全国招生。早在“十三五”期间，学院根据新时代高等教育改革的精神，综合考量地方社会发展对高校艺术人才培养的需求，依托我院文化积淀、专业人才情况和科研优势，合理定位，探索构建本科专业“一核两轴多元”的人才培养模式，积极进行开放式研究与试验，致力于培养中小学美术教育和地方经济社会发展需要的艺术类应用型人才，以期在地方高校转型发展时期，逐渐形成我院较为鲜明的办学特色，提高人才培养质量。

“一核”是指学院事业的核心目标，就是培养我国地方社会建设与发展需要的美术教育和艺术设计专门人才，一切工作围绕这个核心目标展开。“两轴”是指学院教育教学的两条轴线：一是加强文化内涵建设，注重中华优秀传统文化的传承，以此支撑专业建设与教育教学，提升学生综合素养，促进学生可持续发展；二是加强专业的应用型、职业化建设，培养学生专业实践能力，主动适应社会发展。“多元”是指学生通过课程教学和校内外实践活动获取多项能力，如系统的专业知识和专业实践能力，运用现代信息技术获取知识的能力，项目合作与实践创新能力，较高的综合文化素养及可持续发展的能力，善于理论学习掌握专业鉴赏与评论的能力，交流沟通与社会生存能力等。

“两轴”是该模式构建与实施的关键，需要落实两项措施：一是支撑课堂教学的优秀传统文化校内可视化建设和校外实践基地建设；二是各专业系统的实践平台建设，即实训、实践工作室建设，深化校企（地）协同创新育人实践教学。“多元”是支撑，起完善作用，培养目标是核心。在该培养模式中，优秀传统文化具有非常重要的地位。具体落实在教师课程教学和学生第二课堂活动中，需要充分利用好优秀传统文化的校内可视化建设场馆和校外实践基地的资源，以及现代网络信息资源优势，不断深化教学改革，推进课程建设，使优秀传统文化与课程教学、课外活动和学生日常生活紧密相连，在创设环境中春风化雨，在教学活动中传承转化、创新发展，实现中华优秀传统文化与美育的深度融合和现代转换。

2018年，我院实施的新时代地方高校美术与艺术设计类本科专业“一核两轴多元”人才培养模式的探索与实践获批四川省高等教育质量工程，2020年结项。

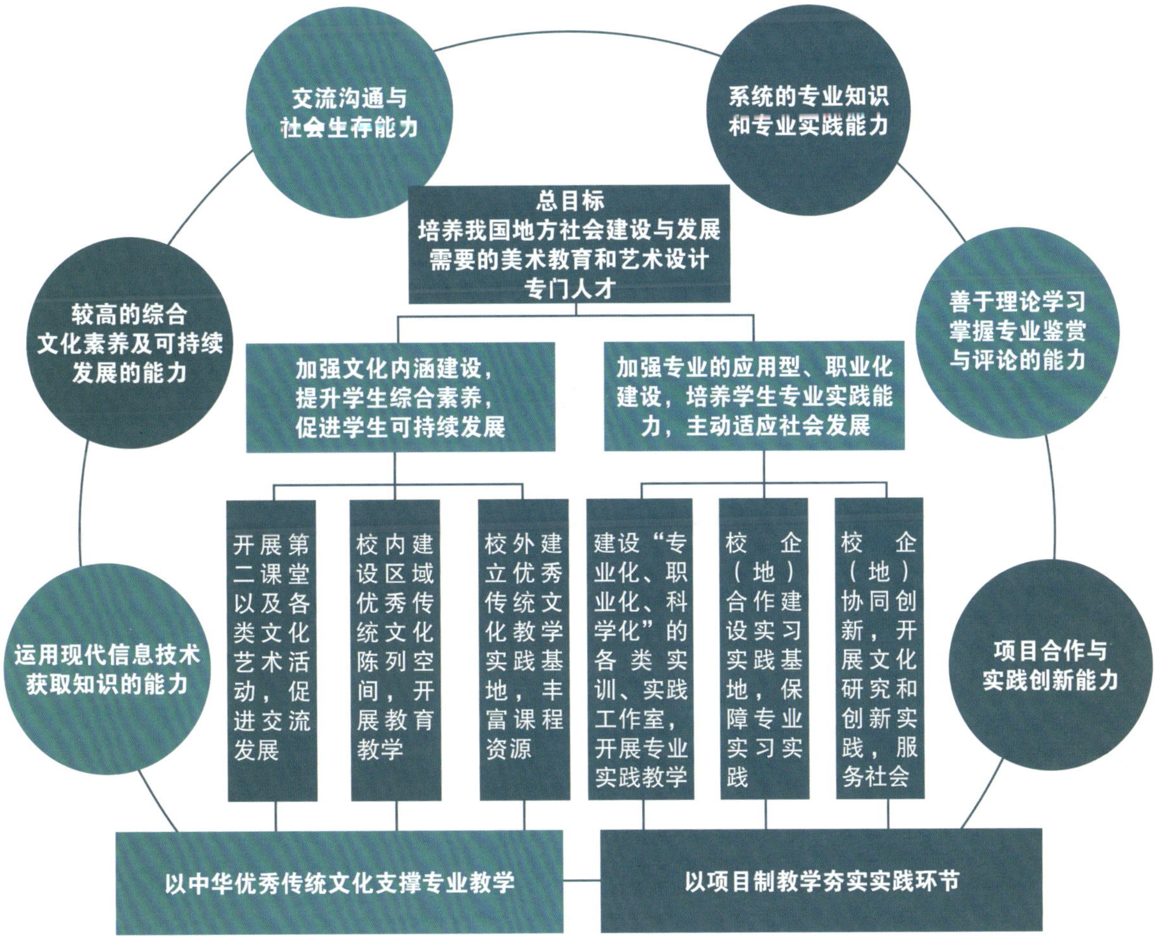

“一核两轴多元”的人才培养模式示意图

2. 优秀传统文化融于美育公选课程的全校实施

自2012年起，学校本科各专业就将优秀传统文化与美育融合的相关课程纳入校级公选课程框架，有校级选修课程和第二课堂两种形式，由学校教务处主管，学校团委、美术与设计学院、音乐与舞蹈学院和文学与历史学院组织开展教育教学活动。2020年，根据《关于全面加强和改进新时代学校美育工作的意见》的精神，学校在全校各专业人才培养方案中，统一要求学生在校级美育课程范围内必修课程不低于6学分，其中，通识选修课程不低于4学分（必选课程2学分，任选课程不低于2学分），

第二课堂不低于2学分。美术与设计学院从视觉艺术的角度，基于区域优秀传统文化资源，构建了跨学科、多层次的美育课程体系。在课程内容上，融合文学、艺术、历史、民俗等多个学科，将优秀传统文化教育与绝大部分美育课程充分融合，构建美育课程框架，形成了既具深度又具广度的知识框架。例如，开设“民间蜡染艺术”“民间剪纸艺术”等第二课堂，让学生在学习中感受优秀传统文化的魅力，激发对美的追求与创造。同时，组建校级美育课程专、兼职教师队伍，面向全校学生开设以中华优秀传统文化传承发展为主要内容的美育选修课程。

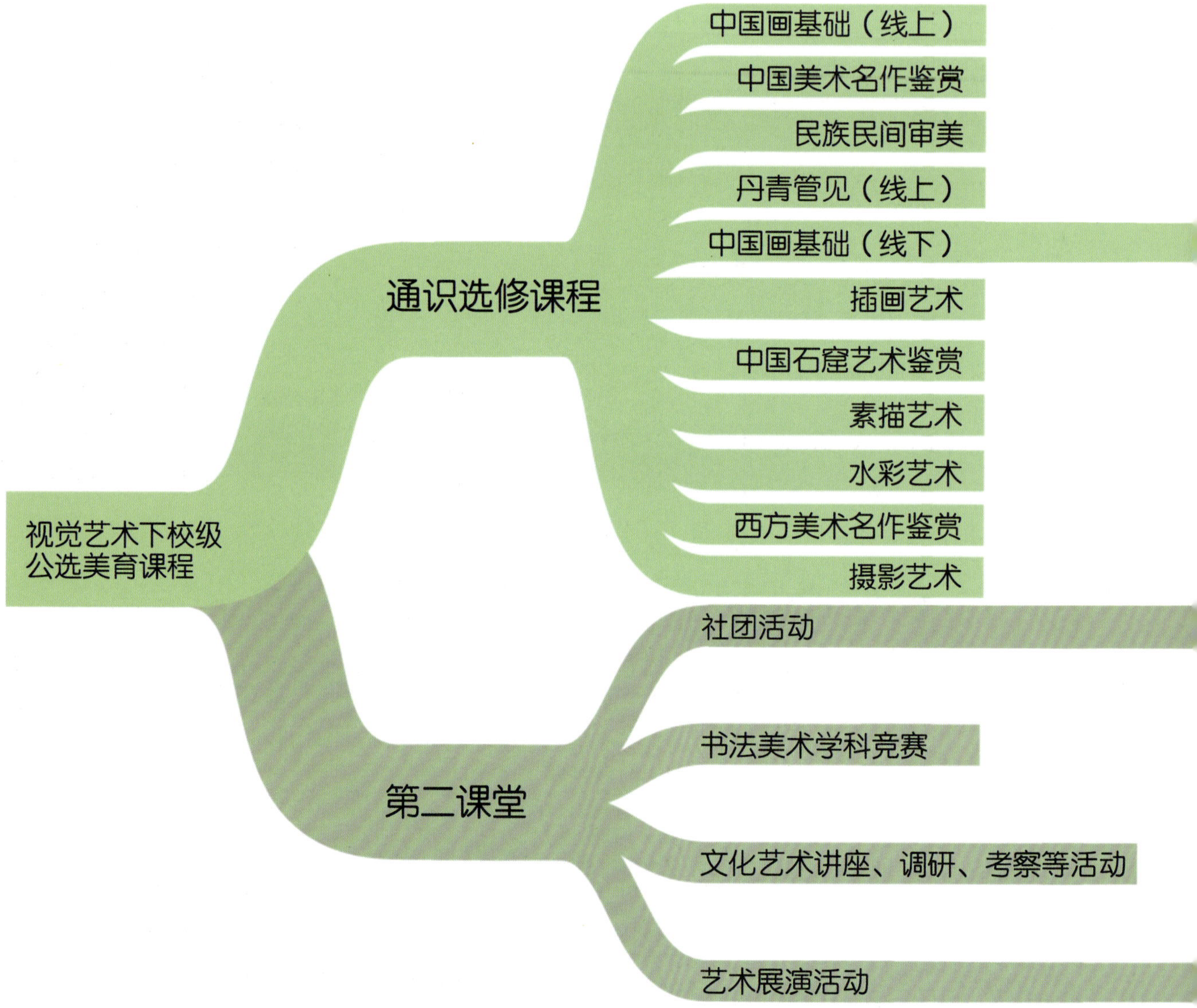

视觉艺术下校级公选美育课程框架示意图

（二）区域优秀传统文化融入课程教学的创新实践

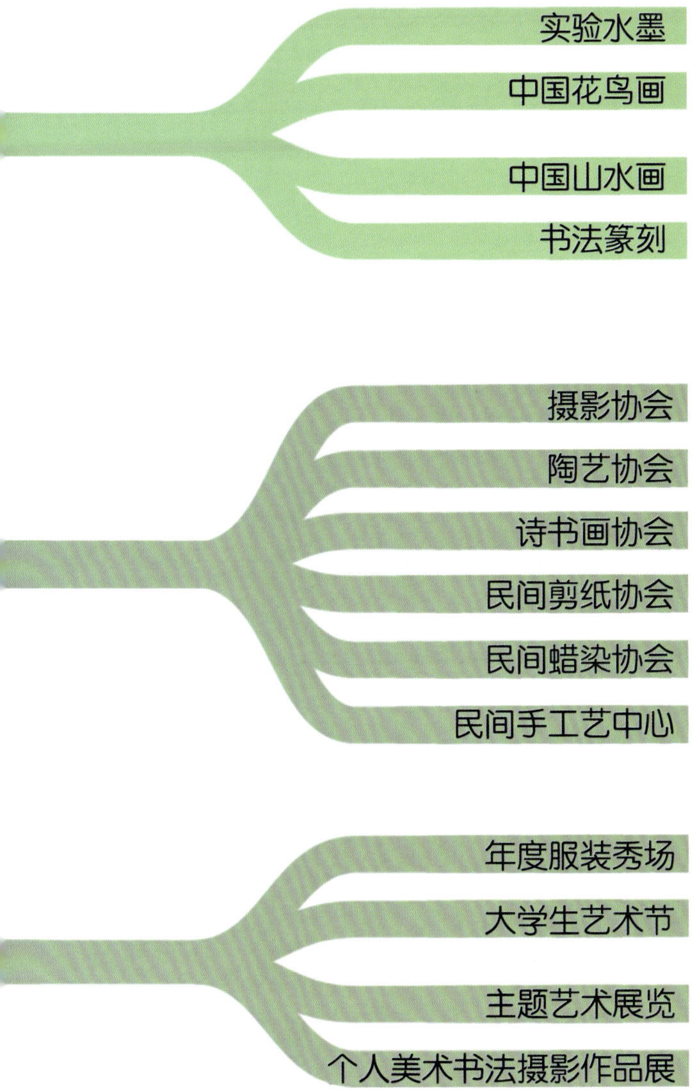

中华文明历经五千多年经久不衰，并在长期的历史演进和时代变迁中，积淀了中华民族最深厚的思想渊源和最深沉的精神追求，形成了中华民族区别于其他民族的独特的文化基因和精神标识，形成了中国人的价值体系，形成了中华民族的根本特质。先秦诸子、汉唐气象、宋明风韵……五千多年中华文明史蕴藏着取之不尽的文化素材和历史遗存。全球化进程推动了世界范围内的文化交往，促进了人群的迁移与交融，带来了文化间的交流与融合。伴随着当今世界新技术、新科技、新观念不断涌现，多元文化在国家、民族之间不断交融，对我国固有的本土文化形成挑战和冲击。因此，在高校教育教学中，无论是美术学专业的审美观念、教学内容、创作题材和技法语言，还是艺术设计类专业的设计理念、题材选择、教学方式和呈现效果，都日益复杂多样，给优秀传统文化带来了极大考验，既要保护、传承和发扬优秀传统文化，又要体现当代人的审美追求和价值取向。党的十九大报告指出“深入挖掘中华优秀传统文化蕴含的思想观念、人文精神、道德规范，结合时代要求继承创新，让中华文化展现出永久魅力和时代风采”。对待优秀传统文化，必须做到古为今用、与时俱进，实现中华民族优秀传统文化的现实价值转换，做到创造性转化和创新性发展。

要达到优秀传统文化传承创新的

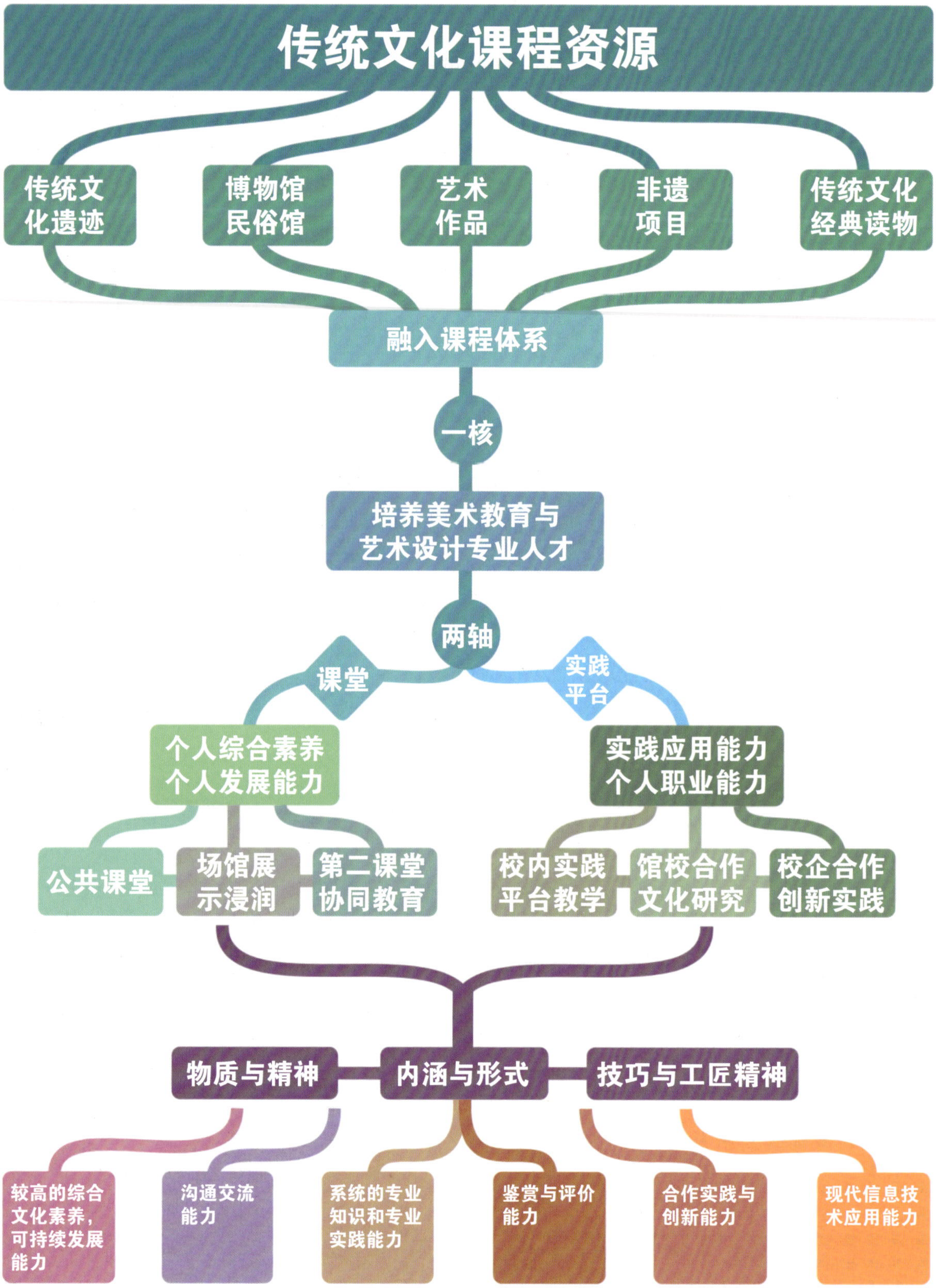

传统文化融入课程教学路径图

教育教学目标，优秀传统文化校内校外的可视化建设和培养模式的改革只是基础条件和人培思路的架构，想要中华优秀传统文化在大学生成长成才过程中根植于心，践之于行，增强中华优秀传统文化的凝聚力、影响力、创造力，还需在教育教学中开展一系列富有创新、富有成效的工作。系列工作的展开必须是全方位的、创新性的，是需与教育教学紧密结合的，是能激发学生对优秀传统文化学习兴趣的，这是关键所在。而落实这一工作的主要环节还是宏观层面的整体谋划和教师课程教学及课外活动的实践指导。

美术与设计学院在“十四五”事业发展规划中，把“注重优秀传统文化传承和综合素质教育，鼓励创新，服务社会，建设区域性、特色类美术院系”作为学院办学思路。各专业将优秀传统文化传承发展写入人才培养方案，再契合人才培养方案、培养模式，组织教师充分调研，开展课程建设和教学改革。在美术学专业的部分造型课程教学内容中，改变以前的以西方石膏像为主的写生对象，明确要求以石窟、汉陶、家具等中华优秀传统文化为写生内容，增设“素描语言形式中国造型元素研究”“写意油画”等课程；在设计学各专业部分课程教学内容中，明确要求以中华优秀传统文化为设计内容或设计文化元素，增设“优秀传统文化考察”“优秀传统文化专题设计”等课程；在第二课堂中，开设民间剪纸、蜡染和陶艺等课后活动，由教师指导，学生自主管理、选拔吸纳会员。各课程教学的开展充分发挥校内优秀传统文化的可视化建设场馆和校外的优秀传统文化实践基地的作用，进行现场教学，让学生潜移默化，感受民族文化魅力，达到传承中华民族文化的目的。同时，通过课程教学研究、专题展览展示和非遗进校园等活动的开展，促进美育课程教学交流和质量提升。

1. 优秀传统文化在高校美术学专业课程教学中的现代转换与创新

多年以来，我院美术学专业根据国家教师教育改革要求，立足地方美术教育发展需要，秉持“崇德尚艺、固本创新、融情优教”的人才培养理念，围绕学校“师范做强、艺体做精、应用做实”的专业建设与发展思路，通过对区域优秀传统文化的持续研究，对地方基础美术教育的了解与交流，确立了以学生发展为中心，以综合人文素养和专业实践能力淬炼为轴线，以期获得以系统专业知识和专业实践能力、沟通交流能力、现代信息技术应用能力等多种能力为多元维度的“一核两轴多元”人才培养模式；探索出挖掘地方资源、场馆展示教育、融入课程教学、创设多元活动的优秀传统文化与美育融合教育路径，促进了学生中华优秀传统文化与专业素养的“双融合”，审美能力和人文素养的“双提升”。2009年美术学专业获批四川省特色专业建设项目；2020年美术学专业成为省级一流专业建设点、校级课程思政示范专业，2022年通过教育部师范类专业二级认证，2023年通过教育部本科教育教学审核评估。

美术学专业致力于优秀传统文化的传承与创新，为特色的美术教育专业培养人才，将区域文化、优秀传统文化浸入文化育人体系，加强教学改革和课程建设，课程类型多元丰富，创新思维与实践技能多维并重。在“中国画基础”“中国重彩画”“中国民间美术”“美术批评与鉴赏”“素描形式语言研究”“油画中国精神表现研究”等10余门专业课程教学中，通过教师的引导诠释与学生的能动参与，于人文积淀、家国情怀、审美情趣、实践运用等诸方面积极融入中华优秀传统文化，充分发挥文化的“价值导向、情感激励、价值认同、情感陶冶”四大功能，潜移默化感染学生，达成了以文化人的育人目标，凸显了立德树人的主导地位。

课程评价则强化对优秀传统文化元素的认知、理解、赏析、运用和融入，推动建成了较为系统的优秀传统文化教育课程群：“中国画基础（线上）”“丹青管见（线上）”分别在2020年、2021年获批为省级一流课程；“中国重彩画”于2022年获批为省级课程思政示范课程；“学科课程与教学”“木刻版画”“素描形式语言研究”“色彩风景”“中国重彩画”获批为校级一流课程；“中国美术简史”等4门课程获批为校级课程思政示范课程。

美术学专业遵从时代要求，对优秀传统文化中存在借鉴意义和现实价值的部分，进行积极的提炼总结、改造创新，赋予其新的时代内涵和现实表达，不断激活优秀传统文化的生命力，自觉继承发扬中华优秀文化遗产，努力实现优秀传统文化的创造性转化、创新性发展。

（1）赋予区域优秀传统文化时代内涵的价值表述及形式转换

充分挖掘和应用区域文化资源是我校美术学专业课程改革的重要任务。绵阳及周边地区厚重的优秀传统文化是我校美术学专业扎根其中、汲取营养的重要根基。多年来，学院以区域优秀传统文化资源的挖掘与整理为抓手，大力推进具有鲜明地方特色的优秀传统文化传承教育的探索与实践，深度助养学科元气，多维提升教学内涵，培养具有良好的图像识读、美术表现、审美判断、创意实践和文化理解等核心素养的中小学美术教育人才。

学校现有的一批优秀传统文化展示场馆，向学生开放实施优秀传统文化视觉浸润教育，是学生学习、观摩、研讨优秀传统文化的延伸课堂。学院组织师生深入校外优秀传统文化主题场馆、民间文化遗存地、美术馆，通过采风、调研、写生、创作等方式延续专业一贯坚持的以优秀传统文化、民间文化遗产支撑教育教学的专业实践路径，不断提升学生的综合文化素养。美术学专业“基础素描”“基础色彩”“二维构成”等课程，通过挖掘校内外优秀传统文化资源，转变课堂学习的“现场视域”、课程的知识结构等，实现区域优秀传

学院汉陶艺术展示陈列室写生教学

统文化时代内涵的价值表述及形式转换。将课堂移置到学院汉陶艺术展示陈列室、川西传统家具展示陈列室、民间美术（白马藏族）陈列室等空间或校外优秀传统文化教育基地开展实践教学，突破传统的课堂教学方式，学生专注于“现场视域”中“物”的关注。在这一过程中，教学的隐性目标和隐性知识的实现成为可能，场域的转换对于学生来说不仅仅是学习内容的变化，更可以让学生通过学习将传统艺术审美与写生表达有效地结合起来。在教学上，教师也会将自己的现场感受或是表现方法分享给学生，促进学生对现场中物本身的学习、认识与理解，物化于心，以物化人，最终转化为文化精神。

课程教学将课程目标和现场情境融合在一起，让学生在感知现场情境后，引导学生的思维，不仅巩固基本造型技艺，也能提升学生拓展知识和实践绘画的能力。这样重新建构的现场写生方式，深化了学生的写生内涵，有利于帮助学生掌握绘画语言的表达方式，提高学生的专业学习能力，实现了绘画语言表达的重构与转换。同时，注重知识的串联，将传统素描、写实素描的表达方式与当代平面化的抽象语言、像素绘画语言进行衔接，拓展学生对中国传统造型的理解，有助于绘画观念和观察方式的更新，而通过视觉语言的生成给人以思考，则有益于提升艺术语言的审美高度。

大足石刻“素描”课程教学

（2）深化课程教学实践，实现“技”与“道”、“物质”与“精神”的链接与转换

“中国山水画”“中国花鸟画”等课程以培养学生的人文素养为总体目标，让学生仔细体会笔墨精神中的文化韵味，将绘画技法与艺术修养的人文精神相统一，培养学生的人文情怀。深化课程教学实践，实现“技”与“道”、“物质”与“精神”的链接与转换，主要体现在精神本质和材料技法内容两个方面。从传统的观念上来讲，中国画不强调画面形象的物理因素而提倡画面形象的形式结构或笔墨语言，并形成了一整套程式化的表现方法。中国画区别于西方绘画主要是精神表现而非物象还原的物理再现，这正是贯穿中国绘画艺术发展的主线。故此衍生各种的描法、皴法、笔法，甚至具体一类物象的画法程式，如“个字”画竹、“一笔起，二笔交，三笔破凤眼”画兰花等，以笔墨为工具材料，以纸质为载体承载着中国精神的表达。教师在中国画的课程教学中，深入剖析山、石、树、云、水因阴阳之分，笔墨呈阴阳之势，重表现、重主观，讲气韵，阐释中国画的精神内核。对于其他像油画、版画、雕塑、水彩、陶艺等课程，深化课程教学研究，把握骨髓之中的中华优秀传统文化。针对外来画种，重点则在引导美术观念的“中国化”上。总之，把优秀传统文化有效融入课程的每一个教学环节中，让学生在专业实践中感受传统中国绘画的生命力和高尚的文化品格，体悟鲜明的文化本质。

剑阁觉苑寺教学考察

山西永乐宫现场教学

对敦煌壁画及传统工笔重彩的学习研究为“中国重彩画”课程教学实践提供了可能，通过对中国古典艺术的研究和探索，强化对优秀传统文化的把握能力，并以此为基础对优秀传统文化的精髓展开更深一步的拓展。首先，推动项目制教学，盘活本地古代壁画资源，如剑阁觉苑寺、新津观音寺等，通过现场摹写，活化文物，传续传统文脉。其次，材料与技法的传承创新始于对传统材料的认知，包括支撑体、敦煌土、天然岩彩、蛤粉、云母、金属材料、墨和胶等传统壁画基底与绘制材料，以及制底、勾线、分染、罩染、添色等传统程式化的创作模式等。在重彩画创作中，采用“技能

实践和探索精神相结合”的教学方法，从人文的“行与知”到“体味”传统，既体现了专业教育的“身体力行”，也引导学生自发形成自己的学习行为。在制作程序上不局限于工笔重彩的三矾九染，对于线与色的表现也比传统工笔重彩画更为宽泛，为传统的绘画技法注入了新的活力，表现技法广泛借鉴各类绘画语言，拓展出新的语言体系和表现能力。事实上，传统技法样式的突破和适合自身样式新方法的建立，个性语言的运用使重彩世界更加绚丽多姿。

持续深化课程教学实践，将“中国画基础”“中国重彩画”等课程教学从材料技法到绘画理念的种种改变带入现代中国画创作中，我们正以开放姿态与独具魅力的风格特点，逐步实现“技”与“道”、“物质”与“精神”的链接和转换。

（3）将非遗引入美术课程资源建设，实现“民间美术”“传统手工技艺”的人文精神与工匠精神的传承转换

师生非遗实践基地考察

美术课程是为实现美术专业教育目标而设计的教学组织、教学内容、教学进程的总和。美术课程资源就是各种有利于实现美术课程目标的因素，包括美术课程的思想资源、知识资源、经验资源、财物资源和人力资源等。美术课程资源与美术课程的内容、美术课程的实施、美术课程的评价和美术课程的管理密切相关。美术课程资源通过开发和利用，被转化为美术课程的内容或保障美术课程顺利实施的支持系统，而与美术课程目标、内容、实施、评价和管理发生联系，共同影响着美术课程目标的达成。

我院美术课程资源系统在吸纳绵阳及周边地区非遗，如民间剪纸、刺绣、扎染、蜡染、年画、泥塑等民间艺术与文化记忆时，是基于美术学专业课程教学要求的侧重进行有条件筛选采集的。对于美术课程而言，非遗的文化记忆应该被转化为学习“非遗”过程中形成的技艺传习和文化体验的记忆。虽然这些记忆并不是对传统非物质文化的直接传承，但学生对技巧和工艺的学习记忆与对非遗文化体验的记忆，将促成学生对非物质文化的认知与理解，进而形成一种在理解基础上的、具有批判性的文化接纳态度。这种态度引导学生批判性地继承非物质文化，进而推动非物质文化的延续与发展。我院美术课程资源系统对非遗承载的工艺技巧与文化记忆的接纳，更多地关注美术课程的目标与价值导向，体现了非遗作为潜在美术课程资源的美术教育属性。

经年以来，本土及周边民间剪纸、刺绣、扎染、蜡染、年画、泥塑等民间艺术已被陆续纳入我院美术课程资源系统并成为其资源要素。首先是非遗蕴含的美术课程思想资源要素。通过美术教育的方式普及认识和增进理解，进而实现美术教育的美学

思想、美学观念、文化理解等传承功能。其次是“非遗”蕴含的美术课程知识资源要素。民间美术是人民大众创造的各种视觉艺术，包括美术领域中的事实性知识、概念性知识和元认知知识。再次是非遗蕴含的美术课程经验资源要素。美术学专业立足本土，从对本土非遗的学习开始，向其他文化背景下的非遗学习拓展，实现美术课程资源转化。最后是非遗蕴含的美术课程人力资源要素。非遗作为美术课程资源包括非遗的研究者和非遗的传承人，通过设立非遗传承人工作室，邀请传承人进入课堂并组织学生实践学习，给学生提供与非遗直接对接的实践练习机会。在与传承人面对面的交流和互动中，学生能够更好地体验口口相授的“绝技秘籍”，从而加深其对非遗的认识和了解，以更准确地把握非遗的核心价值。

非遗进校园活动

根据美术课程目标进行课程资源系统内部的资源开发、转化，通过美术课程资源系统运作作用于美术课程资源环境的其他构成部分，并由美术课程的一系列活动实现美术课程教学的目标。非遗引入美术课程资源建设持续多年来，本专业学生近5年在全国全省师范生教学技能大赛、大学生艺术展演活动、美术教育类专业学生基本功展示活动、全国高校数字艺术设计大赛等赛事中取得了骄人成绩，获省级及以上等级奖320余项，其中一等奖32项。

将优秀传统文化内化为艺术专业院系的社会主义核心价值观和行为方式是对教学改革价值引导的实质。专业课程的价值判断、核心理念、目标设定、行为规范和评判标准通过地域文化、优秀传统文化的历史延续性体现出来，这样的教育教学模式必将对学生成长和今后发展产生深刻影响，并且在丰富艺术专业课程资源的同时，为艺术专业教学的创造性转化和创新性发展提供相应的精神支撑和价值取向。

2. 优秀传统文化在高校艺术设计类本科专业课程教学中的现代转换与创新

我院现有环境设计、视觉传达设计和服装与服饰设计3个本科设计专业。根据教育改革发展的要求，设计专业立足地方社会经济文化建设的需要，秉持“传承超越，固本创新——培养社会主义新时代的优秀设计师和合格建设者”的人才培养理念，实施学院“一核两轴多元”的人才培养模式。多年来，在人才培养的过程中，注重中华优秀传统文化的传承与创新，将优秀传统文化融入设计专业育人体系，不仅能够丰富学生的文化视野，还能够激发学生的创新思维，为设计领域注入新的活力，获得传承超越和立德塑才的双重效果。“一核两轴多元”具体实施的重点环节在于对课程教学的把握，而如何有效转换和创新中华优秀传统文化已成为提升学生文化素养、创新能力和设计水平的关键课题。在设计专业课程教学中，结合学院校内外优秀传统文化的可视化建设情况，探究优秀传统文化的转换路径与创新方法，从课程设计、教学方法、师资培养、实践应用等多个方面展开理论分析与教育实践，以期培养社会主义新时代的优秀设计师和合格建设者。

（1）中华优秀传统文化在高校设计专业教学中的现状分析

中华优秀传统文化作为中华民族的精神支柱和文化瑰宝，具有不可替代的教育价值。随着全球化和信息技术的迅速发展，中华优秀传统文化在高校设计专业教学中的传承与转换存在诸多挑战，在此背景下，分析当前中华优秀传统文化在高校设计专业教学中的现状，可以更好地剖析问题和促进发展。

①课程内容缺乏系统性

当前许多高校设计专业的课程内容中虽然涉及中华优秀传统文化的元素，但往往表现为零散的知识点，没有形成系统化的教学体系。比如在一些设计课程中，仅将传统图案、纹样或色彩等优秀传统文化元素简单引用，而没有深入探讨其文化内涵和历史背景，学生难以真正理解和掌握优秀传统文化的精髓。同时，在现有的课程体系中，涉及优秀传统文化的内容往往孤立存在，没有与现代设计理论、实践课程进行有机整合。例如传统艺术形式的学习与现代设计实践课程之间缺乏有效的衔接和互动，导致学生难以将所学的优秀传统文化知识应用到实际设计中，致使课程设计缺乏整体性。

②教学方法单一

当前的设计专业教学中，传统的教学方法仍然占据主导地位，特别是在涉及中华优秀传统文化的教学中，多数课堂仍采用教师主导的讲授式教学，教师通过课堂讲解传授优秀传统文化知识，学生被动接受。这种教学方式往往缺乏互动性和参与性，学生的学习兴趣和能动性难以被激发，学习效果不理想，这种以教师为中心的灌输式教学方式亟须改变。此外，尽管部分高校开始尝试使用多媒体、数字化工具等现代教学手段，但在实际教学中，这些工具的应用往往流于形式，未能有效提升教学效果。例如，虚拟现实（VR）技术虽然具备在沉浸式环境中展示优秀传统文化的潜力，但由于缺乏相关内容的开发和应用，实际教学中很少使用，这也就导致创新教学手段不足。

③师资队伍素养有待提升

中华优秀传统文化的教学需要教师具备深厚的文化底蕴和设计实践能力。然而，在当前的高校设计专业中，师资队伍素养的欠缺成为制约优秀传统文化教学质量的重要因素。许多设计专业教师的学术背景主要集中在现代设计领域，缺乏对中华优秀传统文化的系统学习和研究，这使得他们在教授优秀传统文化内容时，捉襟见肘，难以透彻阐述其内涵和精髓，影响了学生对优秀传统文化的全面理解和接纳。而现有的教师培训又多集中在设计专业技术、前沿设计理念等方面，对优秀传统文化的培训相对涉猎较少，这势必导致教师在设计教学中对优秀传统文化的应用能力不足，难以将其有效融入课程内容。另外，中华优秀传统文化的教学涉及多学科知识，如历史、文学、哲学等，但在高校设计专业中，教师之间的跨学科合作较少，设计课程中的优秀传统文化内容无法与其他学科的知识有机融合，学生在学习过程中难以形成多维立体的文化认知。

④学生认知不全面

学生对中华优秀传统文化的认知水平直接制约其在设计中的应用和创新能力。目前，学生对优秀传统文化的认知仍存在一些局限和片面，部分学生由于成长环境和教育背景的差异限制，对中华优秀传统文化缺乏深入的了解和认同，甚至存在一定的文化隔阂。这种认同感的缺失，使得他们在学习优秀传统文化时没有文脉依托，没有主场自觉，自然就缺乏兴趣，影响了学习效果。在设计项目中，他们更倾向于模仿西方设计风格，盲目跟风，忽视了本土文化的应用和创新。即使有一些学生对优秀传统文化有一定的兴趣和了解，但在实际设计中，他们往往难以将优秀传统文化元素与现代设计理念有机结合，缺乏创造性应用的意识。

（2）中华优秀传统文化在设计专业教学中的转换路径

中华优秀传统文化在设计专业教学中的转换路径，主要涉及从理论到实践、从传承到创新的多层次、多维度的转化过程。这一过程不仅要求教师和学生对优秀传统文化有深入的理解，还需要找到将其有效融入现代设计教育中的具体途径和方法，进行系统性规划和教学实施。

①理论与实践的融合

将中华优秀传统文化传承与设计专业教学相结合，首先要解决理论与实践之间的融合问题。如何将深厚的文化理论转化为可操作的设计实践，是教学中的一个关键环节。

文化理论课程的实践化：将优秀传统文化的理论知识融入设计实践课程中，避免理论与实践的脱节。如下图，在讲授色彩理论时，以故宫和敦煌色彩为例，可以将中国传统色彩以分析提炼的方式进行归纳总结，这样可以让学生对中国的传统色彩美学有更加直观的了解，也更具吸引力。课堂延伸部分，让学生在设计作业中实际运用这些色彩，创作具有优秀传统文化韵味的作品，在实践中感悟、习得并灵活运用优秀传统文化的内涵和元素。

传统文化色彩提取示意图

案例分析的实践指导：通过解析成功的设计案例，展示中华优秀传统文化在现代设计中的应用路径，并将这些分析结果转化为学生的实际设计任务，刻意练习。如分析《我在故宫修文物》的招贴创意设计，放大每一件文物的破损部分，展现的是一个文物修复师在精心修复文物的图景，既体现了大国的工匠精神，又呈现了故宫博物院文创产品的设计理念和文化背景，引导学生以此为参考进行类似的设计练习，从而学会如何将优秀传统文化融入现代设计中。

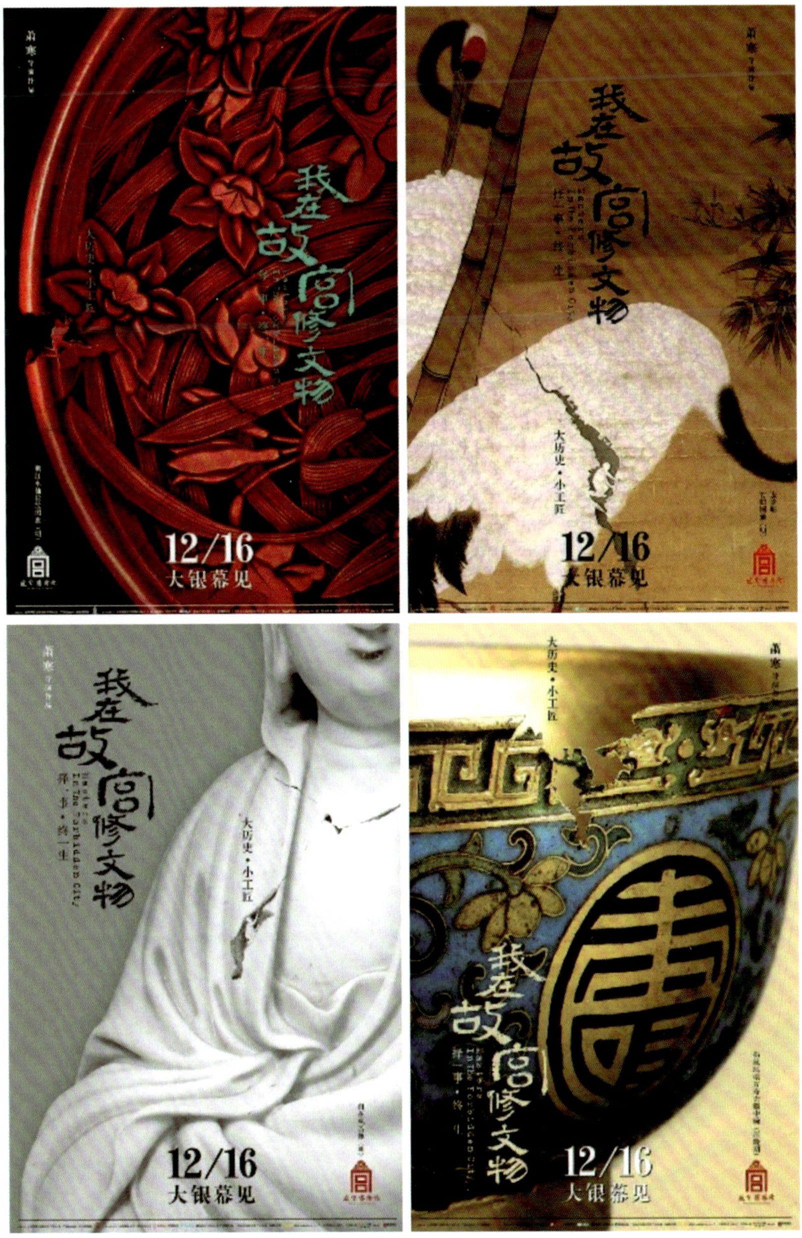

央视纪录片《我在故宫修文物》招贴

课题研究的设计化：以中华优秀传统文化的研究课题和设计项目互为支撑，让学生通过参与课题研究加深对文化的理解。学校建设有省社科重点研究基地“四川民间文化研究中心”、绵阳市社科研究基地“四川民族手工艺研究中心”，中心着力持续推动中华优秀传统文化传承发展与创新转化，组织师生立足绵阳及周边区域优秀传统

文化资源积极申报研究项目，并将研究成果应用于教育教学中。其中，学生通过研究区域内某一传统工艺或优秀传统文化元素，将研究成果运用于设计作业中，以实现传统工艺理论传承到实践应用的有效转化。如下图，我院服装与服饰设计专业学生分别以扎染和柿染工艺进行的服装设计创作。

服装与服饰设计专业学生作品《漫漫也慢慢》

服装与服饰设计专业学生作品《蓝·图》

②优秀传统文化元素的提炼与应用

在设计专业教学中，如何提炼中华优秀传统文化的核心元素并将其应用到设计实践中，是实现文化转化的关键。

视觉元素的提炼：从中华传统服饰、传统工艺等领域中提炼出具有代表性的视觉文化元素，并指导学生如何在设计中应用这些元素。例如，白马藏族崇拜自然，常常将自然产物融入其宗教活动和衣食住行什物设计中，教师教授中国传统纹样的基本构成和寓意，让学生在设计中灵活运用这些传统纹样，创造出具有鲜明地域文化特色的作品。如右图，视觉传达设计专业学生以绵阳平武县白马藏族“曹盖十二相”为载体，来阐述白马藏族的传统祭祀民俗文化，探究白马藏族原始宗教的古朴风貌及其特有的民族习俗。曹盖傩面具不仅有祭祀活动的实用性，同时有民间审美的艺术性，分析其图形、寓意、造型、色彩以及服饰等美学特征，并以此对白马藏族面具进行再设计，应用到文创产品设计中，便实现了视觉元素的提炼和再转换应用。

色彩与材质的运用：色彩与材质的结合运用在设计的各个领域都很重要，指导学生学会如何将传统色彩与材质有机融合，使两者相得益彰，同时，每个学生对色彩和材质的理解和喜好都不尽相同，因此在学习和运用的过程中，应该尊重他们的个人审美和创意表达，鼓励他们选择个性化的设计风格。右图是学生的产品设计和环境设计作品，创作过程中，教师注重色彩与材质的文化背景、工艺特性、现代融合以及个性化表达指导，帮助学生在设计中找到属于自己的文化表达方式。通过理解这些色彩的象征意义，学生可以在设计中巧妙地运用这些传统色彩，使作品不仅视觉上吸睛，还能在情感和文化层面与观众产生共鸣。

③设计思维的文化导向

设计思维的培养是设计专业教学的核心，而将中华优秀传统文化融入设计思维中，则需要从文化导向的角度进行转化。

视觉传达设计专业学生作品《曹盖十二相——白马藏族文创产品设计》

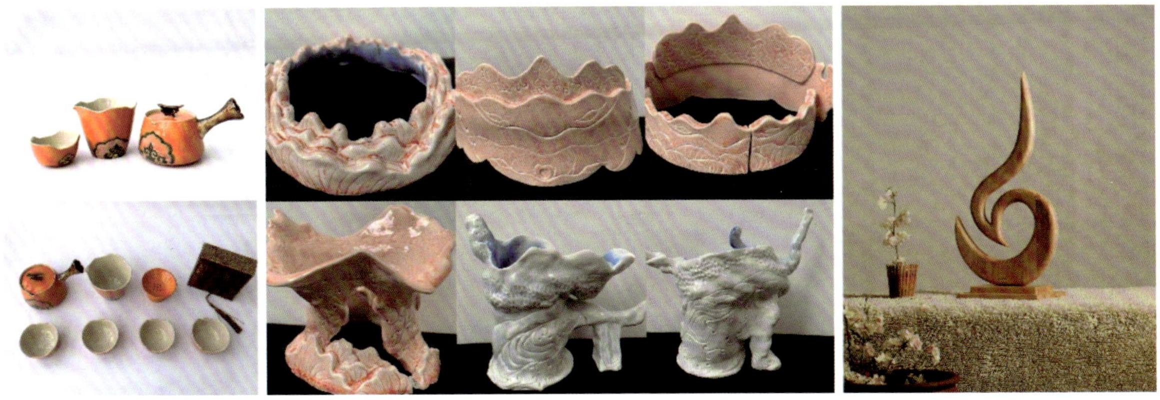

环境设计专业学生作品

环境设计专业学生作品

文化导向的设计思维训练：在设计思维训练中，植入中华优秀传统文化的价值观念和思维方式，能够拓展学生的设计视野、丰富设计思维的内涵，提升学生文化素养和社会责任感。中华优秀传统文化蕴含着丰富的智慧和独特的价值观，如和谐共生、天人合一、因地制宜、尊重自然等，这些理念与现代设计思维有着深刻的契合点。将这些文化基因和智慧与现代设计实践相结合，学生们不仅能在设计中表达个人创意，还能传承与发扬中华优秀传统文化的精神，设计出既有时代感又有历史文化底蕴的创新作品。

优秀传统文化的创新思维借鉴：中华优秀传统文化中蕴含着丰富的创新思维，这些思维可以为现代设计提供滋养和借鉴。中华文化自古以来就倡导海纳百川，强调兼收并蓄、多元融合，这种多视角的跨界创新思维在现代设计中能够激发无限的创意可能，设计师可以通过跨界思考，将不同领域的知识、技术和文化元素融合到设计中，创造出全新的设计形态和功能。譬如将传统手工艺与现代科技相结合，既保留了手工艺的独特质感，又赋予了产品新的功能和体验，从而形成具有时代特色的设计产品。另外，中华文化中有《易经》之道，强调万物皆处于不断变化之中，而创新则是在变化中寻找新机遇的过程。这种“变中求新”的适应性思维在现代设计中尤为重要，面对不断变化的市场需求和技术环境，设计师应当具备敏锐的洞察力，捕捉变化中的新趋势，并迅速调整设计策略，创造出具有前瞻性的产品或提供适应性服务。在科技飞速发展的今天，设计师完全可以通过融入最新的技术成果，如人工智能、虚拟现实等，创造出引领时代潮流的创新设计，可谓大有可为。

视觉传达设计专业学生作品

设计伦理的文化引导：在设计教育中，需要注重设计伦理意识的培养，并从中华优秀传统文化中汲取伦理道德的精髓。从儒家“仁爱”思想到道家“无为而治”的理念，引导学生在设计中重视社会责任，关注人类与自然的共生关系，从而将文化伦理转化为设计伦理。中华优秀传统文化提倡“诚意正心”，强调内心的正直与真诚，要求言行一致、诚信待人，讲究公序良俗。这些正能量的道德观、价值观可以教育学生诚信设计，拒绝抄袭，尊重知识产权，不夸大产品功能，引导学生在设计过程中保持真诚，不为追求商业利益而牺牲产品的道德价值。这种伦理教育能够帮助学生树立正确的设计价值观，保持职业道德操守，成为值得信赖的设计专业人才。

④ 结合社会项目开展设计教学

视觉传达设计专业学生作品

中华优秀传统文化在设计专业教学中的转化路径，不仅仅局限于课堂内的教学，还需要与社会实践相结合，促进文化在设计中的广泛应用与传播。教师要结合社会需求，主动参与地方文化建设，设计以中华优秀传统文化为主题的社会实践项目。如地方文化遗产保护与宣传设计项目、具有优秀传统文化特色的文旅产品设计项目、地方品牌形象设计项目、社区文化活化与推广项目、数字化优秀传统文化展示项目以及以中华优秀传统文化为主题的公共艺术项目等，这些社会实践项目不仅能让学生在实际的项目中获得亲力亲为的宝贵经验，还能推动优秀传统文化的保护、传承与创新，为社会带来积极的文化影响。要在教学中开展“实+实”“实+虚”的两种项目制教学方式，这种实践与教育相结合的模式，有助于培养出既有设计才华，又具备深厚文化素养和社会责任感的优秀设计师。同时，要强化优秀传统文化的设计推广，以优秀传统文化为主题的设计教学成果，如学生设计的书籍装帧、文创产品、视觉设计、服装设计等作品，通过设计展览、创意市集、公益活动、数字平台推广等展出，可以激励学生服务于社会，而通过设计推介，使观众更直观地感受优秀传统文化的魅力，学生也能在策展和展陈活动中与观众互动，收获成长。

中华优秀传统文化在设计专业教学中的转换路径是一个系统化的工程，涉及理论与实践的融合、文化元素的提炼与应用、设计思维的文化导向、设计教育与社会实践的结合、教学资源的开发与共享等。这些路径的探索和实践，不仅有助于提升设计教育的文化内涵，也为地方高校在区域优秀传统文化的现代传承和创新应用方面提供了新的可能性，能够更好地实现设计教育与文化传承的双重目标，培养具有文化素养和创新能力的设计人才。

（3）中华优秀传统文化在设计专业教学中的创新探索

为促进中华优秀传统文化在高校设计专业教学中的有效融入和传承，美术与设计学院积极探索创新教学方法，力求在课程设计、教学方式、师资培养、学生实践等方面进行改革和创新。这些探索不仅提升了教学质量，也为学生提供了更为广阔的学习和实践空间。

①课程体系的优化与创新

为了系统性地融入中华优秀传统文化，学院在课程体系设计上进行了创新探索。从各设计专业的人才培养方案修订到相关课程的课程目标设定上都对优秀传统文化学习做了详细要求。在设计专业基础课程之外，开设专门的“优秀传统文化+设计”模块课程。这些课程不仅教授学生优秀传统文化知识，还注重将优秀传统文化元素与现代设计实践相结合。例如，学院多年来一直坚持开设“民族文化考察+专题设计”课程，通过对区域优秀传统文化的实地考察，直接接触民族文化的原生态，了解其丰富的文化形式和内涵，如传统服饰、语言、宗教、艺术等。实地考察可以使学生更好地理解和解读优秀传统文化，也为设计创新提供了丰富的素材和创意。学生结合考察内容进行的专题设计，从民族文化中汲取灵感和养分，从传统工艺和传统纹样切入进行现代设计创新，使民族文化在当代社会焕发新的生机。

民族文化专题实践

设计专业通过引入历史、文学、哲学、音乐等学科的知识，设计跨学科的课程体系，帮助学生建立更全面的文化认知和艺术学养。例如，开设“中国文学”“创意写作”“中国近代史纲要”“自然科学”等课程，还开设“美术兼修音乐”等微专业。在当前人工智能飞速发展的背景下，跨学科学习是大势所趋，跨学科课程涵盖不同领域的知识，学生接触到的各种理论、方法和技能，有助于他们将不同领域的题材、元素融合到设计中，从而打破传统设计的界限，创作出更多富有想象力的创新作品。这些多学科复合型的知识储备还可以催生学生的多元创意思维，使他们能够从不同的视角和文化背景中汲取营养，设计出更有内涵和更具创新性的作品。

② 教学方法的改革与多元化

在教学方法上，探索更为多元化和创新的手段，提升学生对中华优秀传统文化的学习兴趣和理解深度十分必要。近年来，学院加大教师课堂教学方法培训并组织教师参加各类教学竞赛，促使教师在教学手段和方法提升方面取得了显著成效，多人多次在省级及以上教学比赛中获奖。如通过翻转课堂的教学模式，让学生在课前自主学习中华优秀传统文化的理论知识，课堂上进行讨论、案例分析和实践操作，增强教学互动性和学生的参与感。这种教学方法不仅激发了学生的学习兴趣，还帮助他们更好地将理论知识应用到设计实践中。同时，学院建设的区域优秀传统文化的系列展示陈列厅（室），为师生搭建了一个共同学习和交流的平台，教师在陈列厅（室）中开展课程教学和研讨，与学生一起探究民间文化的内涵和价值，这种师生交互、教学相长的学习方式增强了教学效果，有利于学生对优秀传统文化内涵的感悟和理解。

学院还建设了优秀传统文化的各类工作室，包括民间版画室、民间剪纸室、民间蜡染工艺室、漆器工艺室等，以及服饰服装、木工金工、数字媒体、数控、雕塑等系列实训室。工作室的实验环境有助于激发学生的创新思维，帮助他们突破传统设计的藩篱，借助先进的工具进行创意实验，探索新的设计理念和方法，提升动手能力，创造出独特的设计作品。和优秀传统文化展示陈列厅（室）一样，工作室的开放式学习环境鼓励师生之间的互动与交流，教师可以在项目实施过程中提供即时指导并追溯教学反馈，帮助学生及时调整和改进设计方案，这种互动学习模式增强了学生学习的积极性和主动性，确保了良好的教学效果，提高了学生的团队合作能力和沟通技巧。

③ 师资队伍的文化素养提升

教师的专业素养是推动中华优秀传统文化融入设计教学的重要因素，学院提出“一师一方向”行动计划，即每一位专业教师都要基于绵阳及周边地方优秀传统文化确定一个研究方向。教师需要深入了解研究当地及周边区域的优秀传统文化资源，掌握其历史背景、发展脉络、主要特点及在地方社会中的实际影响。做足这些功课有助于教师从地方文化中提炼出有研究价值的课题，并确保选题切合实际且有积极的学术意义和应用价值。教师在确立研究方向时，应结合自己的专业特色，注重实践应用，校准地方文化的独特性与专业研究契合口，创造性地提出新的研究课题。譬如专业教师可以将地方传统手工艺与现代设计理念结合，教育学教师可以就地方教育传统与现代教育改革的关系展开研究，这种创新结合的研究不仅增强了课题的专业性，还能将研究成果服务于地方社会的发展，为地方优秀传统文化的现代发展提供新的思路和途径。在此过程中，教师应思考如何通过课题研究推动地方文化的保护、传承和创新，如何让研究成果惠及地方经济、社会、教育的发展，这种以实践应用为导向的研究才接地气、有意义，有助于提升研究的社会价值，增强地方文化的活力与影响力。同时，教师还需考虑如何将地方优秀传统文化研究融入教学中，鼓励和引导学生参与研究项目。通过学生的参与，培养学生对地方文化的兴趣和责任感，锤炼他们的研究能力和创新意识，推动研究成果更加广泛地传播和应用。

④ 组织和参加优秀传统文化专题的学科竞赛

通过组织参加各级各类学科竞赛来推动优秀传统文化的传承和落地是学院教学创新探索的另一尝试。学科竞赛作为一种集知识、技能于一体的有竞争和挑战的活动，通常以区域优秀传统文化为设计背景，通过研究赛题、讨论策略，加深对知识的理解和掌握，以赛代练，提升学生的思考能力、创新能力、团队协作能力以及时间管理能力和文化素养。近年来，学院持续组织学生参加省级及以上学科竞赛，成绩名列同类高校前列，在省内形成了较强影响力，真正达到了以赛促学、以赛促教、以赛促研的目标。

另外，学院承办了在全国具有影响力的东方创意之星设计大赛，特意开辟了“蜀道新质文旅创意专项赛”，旨在弘扬蜀道文化，提升地方文化影响力。通过比赛，学生们可以探索如何将蜀道优秀传统文化与现代技术、设计、艺术等结合，创造出具有地方特色的新时代文创产品。该赛制着眼于创新能力的培养，不仅丰富了蜀道优秀传统文化的表现形式，还为蜀道文化产业的发展注入了新的活力。同时，学院还与人居环境学院合作承办四川省教育厅的乡村振兴创新设计大赛。这种以学科竞赛来推动优秀传统文化的传承和创新的方式，有助于引导学生更加关注于将优秀传统文化融入自己的作品中，创作出更加优秀的、百花齐放的传统艺术作品。

中华优秀传统文化在高校设计专业教学中的转换与创新，不仅是文化传承的重要途径，也是提升学生设计能力和文化素养的关键抓手。通过课程设计的优化、教学方法的创新、师资力量的提升以及实践应用的推广，可以有效实现中华优秀传统文化的现代化转换与创新，推动高校设计专业教学的全面发展。

3. 优秀传统文化专题美育课程教学实践

（1）“中国重彩画”

我院美术学专业2005年开设的“材料与技法二”传统壁画课程，于2013年更名为“中国重彩画”。本课程从研习传统壁画入手，教育学生对中国传统艺术和优秀传统文化葆有热爱，理解中国重彩画的审美特征和艺术价值，培养学生掌握并灵活运用传统重彩画技法的能力，扶助他们对传统重彩画进行现代创新。

“中国重彩画”2020年立项校级一流课程，2022年立项省级课程思政示范项目。

新津观音寺学生摹写作品

剑阁觉苑寺学生摹写作品

课程以传承中华优秀传统文化为核心，以思政课程建设和学生专业能力提升为两翼，深度挖掘提炼专业知识体系所蕴含的思想价值和精神内核，科学合理地拓展专业课程的广度、深度，从课程所涉专业、行业、文化、艺术、历史等角度，增强课程的知识性、人文性和时代性。

“中国重彩画”课程教学注重深挖深耕区域优秀传统文化资源，常态化组织学生前往新津观音寺、剑阁觉苑寺、蓬溪宝梵寺、平武报恩寺等国家重点文物保护单位，开展现场考察和摹写教学。早些年，甚至还前往山西永乐宫开展过为期20余天的教学摹写。现场教学对帮助学生感受传统壁画之美，激发学生对优秀传统文化的热爱都大有裨益。在实际的教学过程中，教师教授学生运用新的制底技术和表现技法来呈现具有历史样貌的摹写成果，为不可再生的文化遗产保留最直观的艺术样本。“中国重彩画”课程的主要难点在于学生对重彩画矿物质颜料能否合理运用和对传统壁画历史意蕴的把控程度，这也是教学成败的关键，需要进一步通过对我国优秀传统壁画进行创新实践和技法研究，继续探索践行中国重彩壁画的教学革新之路。

平武报恩寺学生摹写作品

“中国重彩画”课程注重以展促学、以展促教和以展促研，时常在学校美术馆，或应邀到兄弟院校美术馆，周边市区美术馆、博物馆举办课程展览，推广宣传区域优秀传统文化和课程教学成果，通过展示交流不断深化教育教学改革，助推课程

绵阳市文化馆课程教学专题展

教学质量的提升。同时，这些展示活动也为全校师生和社会各界人士接受优秀传统文化教育和美育提供了渠道，真正让优秀传统文化活起来，让美育的种子播下去。2021年9月，美术学专业接受教育部师范类专业认证期间，学院举办的“中国重彩画”课程思政教学实践展览，得到了教育部专家的一致好评；2022年，在广元市美术馆举办的“蜀道遗珍——剑阁觉苑寺时代壁画摹写精品展”，获得了业内人士的高度赞扬；2024年1月，在绵阳市文化馆举办的“蜀韵壁上行”新津观音寺、蓬溪宝梵寺明代壁画摹写作品展览，获得了全市业内人士和群众的充分肯定。近五年来，学院共计举办“中国重彩画”课程教学成果展览10余次，50余幅作品在展览现场被收藏，绵阳市委宣传部、广元市委宣传部领导多次前往展厅观展，并给予了高度评价，四川电视台、绵阳电视台、广元电视台等多家媒体广泛报道。

课程专题考察

（2）“素描形式语言研究”

“素描形式语言研究”课程是在原“素描石膏写生”课程的基础上演变而来，是美术学本科专业基础课程。本课程从基础造型训练入手，教育学生建立对中国传统艺术造型特征的理解和优秀传统文化的热爱，培养学生造型能力，提升学生优秀传统文化素养。“素描形式语言研究”是基于学院素描课程体系民族本土化改革的研究及实践。

平阳府君阙写生教学

20世纪以来，国内的美术教育主要采用西方模式，透视法、石膏模型写生和其他新兴门类的西式“科学”在那种中西文化大碰撞中逐渐被认可、被接纳。刘海粟在上海开先河的人体模特儿写生亦演变为探讨道德伦理的社会事件，着实为国民进行了一次西式美术教育的普及工作。此后十年，随着林风眠、徐悲鸿一批留欧精英的归来，中国美术教育的大格局渐趋完成并成熟，西方模式得到普遍采用。进入21世纪，渐渐觉悟的“精英”们开始冷静反省西方价值体系的是非优劣，不再一味地盲目崇拜，他们着手认真地探讨民族本土文化与现代化的矛盾，试图找到自身文化所具有的现代生命力和可实现嫁接的目标。在此背景下，学院素描教师团队带着民族现代化所承载的美术教育任务的使命感，用批判的眼光剖析素描作为艺术基础训练的得与失，提出当前构建中国艺术准备系统的时机和可能，并以区域优秀传统文化遗址为支撑大刀阔斧地进行教学革新。

如何从民族历史文化积极因素中寻找与西方现代化的结合点（而不是依附西方价值体系），如何在传承、保留民族优秀传统文化的同时创造时代的新文化，从“中国制造”到“中国创造”，成为我们的共同愿景。基于这样的认识，美术教育的基础训练不得不做重大改革，认识观念上要改，操作实施的内容也会随之变动。

自欧洲学院派兴起后，美术的基础训练被冠以“科学”，技术胜于情感，石膏模型是进入真人写生的必经之路。百年来的美术造型无不打上西式的烙印，凡受过学院教育的，想努力改变这种思维模式和观察方法都很困难。换一种角度看，中国历代的雕刻、绘画一看便和“科学”的西式造型观两样，你不能说它不准确；朴素的秦兵马俑个个都是典型的关中造型，你不能说它没有科学。为了保全民族艺术的纯洁性，西式素描就该全盘否定吗？也不是的。我们现在要做的工作是溯本求源，层层厘清当今造型观形成的前因后果，剥离掉在实践过程中滋生的赘疣，重新回到源头，透彻反思什么是西方古典的真正精神，什么是西方现代艺术，本土民族的优秀成分在哪里，中西方造型艺术的区别何在，应该怎样融合，寻求这些问题的答案正是我们作为美术教育工作者义不容辞的责任。

广元皇泽寺写生教学

我们的教学改革实施的具体做法：一是在保留写实素描语言的同时引领学生感知人文科学知识，学会对自然的观察方法研究，感性与理性并重。二是尝试以线性的表现为主导兼及光影明暗，质朴、直观地观察自然、描写自然。实践对象为一切自然物，包括但不限于人物、动物、植物、风景，它们为强调主观情感表达的表现性风格提供了支撑。三是探究素描形式语言——西方现代素描辨析，注重对现代艺术流派的形式语言的归纳研究，研究形式语言的独立审美价值、形而上理论的深层含义和形而下情感的直观表现法规，实践对象为静物、人物、城市风景写生。四是民族传统艺术内涵和元素——当代素描可行性方案实践，这是整个素描课程系统里最核心的部分，但它绝不是孤立的，与上面几个版块最为契合。西方现代的极致与中国传统最核心要素在这里碰撞、调和，寻找既有国际意义又充满民族本土精神的现代之路，意义深远而又具前瞻性。同时，对学校周边传统石窟、石刻群原作的写生研究，着重人物雕刻造型写生；对中国传统山水、花鸟画等中国传统艺术的形式语言、审美法则的研究，重新解读、剖析、阐释、表达，这有别于国画临摹；对留存较好的古镇古街道考察，着重于民居布局、实用图案雕刻、图案装饰的深入写生研究；运用三代青铜铭文、汉简、画像石（砖）、宋元瓷器图案、民间传统版画作为资料背景，创作素描，探索现代素描创新之路。以上种种的课程改革实践，成效明显。

西方素描基础训练传入中国已经100多年，“风雨如晦，鸡鸣不已”，它的精华已融化在中华文化的血液里，它的糟粕则成为阻碍中国传统艺术健康有序发展的窠臼。对待外来文化该拿的拿，不该拿的坚决摒弃，哪些该拿哪些不该拿就需用古代圣贤留给我们的智慧遗产去甄别、去扬弃，去芜存菁、去伪存真、洋为中用，站在人类文明更高的维度重新部署美术教育的目标和战略实施步骤，担当时代赋予的神圣使命。

学生写生作业

（3）“雕塑——手工”

我院美术学专业从2003年开设“雕塑基础”课程，课程内容包含泥塑、木雕、综合材料等。“雕塑基础”课程强调提升学生艺术实践的综合素质，从泥塑课程实践中训练形体归纳的方法；在木雕临摹和创作中探索空间思维转变的途径；在综合材料的练习中提升技术运用的能力。雕塑课程加深了学生对形体空间的认识，为解剖、透视、人像绘画等相关课程的学习打下了良好的基础。2015年“雕塑基础”拆分为“雕塑——手工”和“装饰雕塑”两门课，其中“雕塑——手工”以泥塑、木雕为主要课程内容，继续作为美术学专业的必修课程，而“装饰雕塑”以泥塑、综合材料为主要课程内容，拓展成为设计专业的选修课程。

“雕塑——手工”课程紧跟人才培养方案和社会需求的步伐，不断进行教育改革和课程革新，为中小学美术教育培养理论功底深厚、实践动手能力强的专业人才。雕塑教学强化文化强国教育先行的理念，将雕塑训练与区域优秀传统文化传承有机结合，把绵阳汉陶、广汉三星堆、成都金沙遗址、广元千佛崖、巴中南龛石窟、大足石刻等传统文化中经典的艺术造型，融入雕塑训练和创作中，筑牢雕塑课程文化根基，形成了我院雕塑课程的自身特色。在教学内容与实践环节中加大中国传统文化的比重，以区域优秀传统文化为沃土，学习经典艺术造型的神韵，形成创作的灵感来源。实践证明，雕塑课程改革使学生的中国传统文化素养和雕塑技能水平显著提升，获得胜任中小学美术课程中雕塑鉴赏和手工教学的能力，并且，以优秀传统文化为创作来源的学生作品多次在国家和省市的各项比赛中斩获佳绩。在2021—2024年度美术教育专业大学生和教师基本功展示活动中，我院学生连续4年获得手工单项奖，在该赛事的2023年国赛中获得手工单项奖，被教育部评审专家点评表扬。

装饰雕塑为设计专业学生打开全新的设计思维，泥塑强调传统装饰手法和艺术形式的训练，综合材料侧重材料工艺、艺术造型、颜色搭配、功能性植入等练习。同时，课程结合环境设计专业陈设方向的学科特色，将文创设计、环保节能和使用功能融入雕塑课程中，形成文化赋能、造型时尚的文创雕塑和环境雕塑设计作品。在综合材料的实践练习中，锻炼材料和工艺的结合与艺术处理能力，让创意思想与动手能力在雕塑作品的创作中得到展示和提升。随着科技的发展，信息技术成为雕塑教学的全新方式，AI、3D等技术的融入，使雕塑设计进入新的通道，在设计与展示过程中虚实结合，给人带来全新的视觉效果，学生作品在省市比赛中多次获奖，也极大地鼓舞了学习雕塑的信心。这些技术变革和学生信心的提升对设计专业的教学起到很好的促进作用。

学生泥塑作品

学生AI作品

学生木雕作品

学生综合材料作品

总之，雕塑是艺术中的重工业，涵盖范围广，涉及门类多，是对文化、艺术、技术、材料、科技、创意等的大融合。雕塑教学根据社会需求，与陶艺、木工、手工艺等工作室形成联合，在优秀传统文化的沃土上坚守，在时代科技的洪流中创新，积跬步以至千里，积小流以成江海，教学的点滴收获都需要师生付出艰辛的努力，共同打造这个时代需要的雕塑课程任重道远。

（4）“旅游文创产品设计”

“旅游文创产品设计”是环境设计专业方向课程，根据我国文化旅游发展的实际需求，课程遵循“产出导向”的理念，将旅游目的地的优秀传统文化特色与创意理念相结合，设计出具有区域特征、独特魅力和纪念价值的商品。同时，学生通过文化考察、产品调研、设计分析、设计表达及实践训练等环节，掌握旅游文创产品设计的技术方法，获得行业所需求的文创设计能力。总之，该课程是优秀传统文化创新实践与服务社会紧密结合的应用型实践课程。

旅游商品文化创意设计需要深入挖掘旅游目的地的文化内涵，注重创意表现形式，提升用户体验，同时加强品牌建设和营销推广，如此才能设计出具有吸引力和市场竞争力的旅游商品，为旅游产业的发展增添新的活力。具体而言：一是深入挖掘文化内涵。了解旅游目的地的历史、地理、民俗、传统工艺等地域文化特色，探寻当地的历史故事、名人典故、重大事件等，从中提取典型的文化内容和图案、符号、色彩等视觉元素，使设计的文创产品既蕴含文化底蕴又富有现代时尚。二是注重创意表现形式。设计独特的产品外形，采用夸张、变形、抽象等手法，对文化元素进行重新演绎，使其在视觉上具有吸引力。考虑产品的实用性和便携性，设计出既美观又方便携带的旅游商品。同时，注重材料选择与创新，选用具有当地特色的材料，增强商品的地域感；尝试使用新型材料，结合传统工艺，创造出新颖的旅游商品。注重色彩搭配，运用当地文化中具有代表性的色彩，营造氛围、寄托情感；注意色彩的协调性和时尚感，使旅游商品既贴合文化特色，又能满足现代消费者的审美需求。三是提升用户体验。设计具有互动性的旅游商品，增加消费者的参与感和趣味性。比如，DIY手

汇德轩部分著作权明细表

序号	登记号	作品名称	作品类别
1	川作登字-2023-F-00246890	大方之家·套杯	美术
2	川作登字-2023-F-00213066	大禹准绳绘本	美术
3	川作登字-2023-F-00213067	大禹蓑衣绘本	美术
4	川作登字-2023-F-00139830	大禹十法水彩画填色本	美术
5	川作登字-2023-F-00139831	小禹戏水套杯	美术
6	川作登字-2023-F-00139832	羌九宝香包	美术
7	川作登字-2023-F-00139833	五音听政笔记本套装	美术
8	川作登字-2023-F-00114487	西羌画韵——坝坝宴餐具	美术
9	川作登字-2023-F-00114489	西羌画韵——莎朗餐具（重彩）	美术
10	川作登字-2023-F-00057609	祭祀专用 —禹红	美术
11	川作登字-2023-F-00057403	羌族碉楼刺绣挂画	美术
12	川作登字-2023-F-00057404	西羌画韵——溜索刺绣挂画	美术
13	川作登字-2023-F-00057401	大禹十法拼图	美术
14	川作登字-2023-F-00057402	大禹十法沾沾画	美术
15	川作登字-2022-F-00006734	“禹福华夏”对联	美术
16	川作登字-2022-F-00006731	咖啡招贴画	美术
17	川作登字-2022-F-00006733	神林柱漆画	美术
18	川作登字-2022-F-00006732	劳动致富金色吊坠	美术
19	川作登字-2022-F-00006700	羌九宝书签（令牌）	美术
20	川作登字-2022-F-00006756	大禹Q版人物14	美术
21	川作登字-2022-F-00006755	“禹福华夏”装饰摆件（纳福）	美术
22	川作登字-2022-F-00006754	“禹福华夏”装饰摆件（长寿）	美术
23	川作登字-2022-F-00006753	“禹福华夏”装饰摆件（开运）	美术
24	川作登字-2022-F-00006752	“禹福华夏”装饰摆件（平安）	美术
25	川作登字-2022-F-00006751	“禹福华夏”五彩织锦	美术
26	川作登字-2022-F-00216437	小禹戏水潜水装备	美术
27	川作登字-2022-F-00216438	小禹戏水画册	美术
28	川作登字-2022-F-00216439	小禹戏水毛巾	美术
29	川作登字-2022-F-00216440	小禹戏水沙滩球	美术
30	川作登字-2022-F-00006829	其乐融融陶俑乐队之滑板	美术

学院与四川汇德轩文化艺术有限公司合作研发的羌族文创产品

工制作的旅游纪念品，让消费者可以亲自参与制作过程，留下独特的回忆。利用科技手段，如增强现实（AR）、虚拟现实（VR）等，为旅游商品赋予更多的互动体验。例如，通过手机扫描旅游商品上的二维码，便可以观看相关的历史文化介绍、虚拟场景展示之类。提供个性化定制服务，满足消费者的独特需求。譬如在旅游商品上刻上消费者的名字、祝福语、旅行日期等，使其成为独一无二的纪念品。四是品牌建设与营销推广。打造具有地域特色和文化内涵的旅游商品品牌，提高品牌知名度和美誉度，通过品牌故事、品牌形象设计、品牌传播等方式，树立品牌的独特价值和个性。利用旅游景区、博物馆、特色商店等场所进行旅游商品的展示和销售。开展线上营销活动，通过旅游电商平台、社交媒体等渠道推广旅游商品。举办线上抽奖、优惠券发放等活动，吸引消费者关注和下单。

“旅游文创产品设计”课程最适合校企合作创新、协作育人，采用“实+实”（指实在的项目和实际的协作）、“实+虚”（指实在的项目和虚拟的协作）的项目教学方法。课程组教师与四川汇德轩文化艺术有限公司、四川飞龙文化艺术有限公司等十余家公司长期合作，针对绵阳本地区羌族文化、白马文化、嫘祖文化等开展旅游文创产品的设计开发与教学实践。其中，与四川汇德轩文化艺术有限公司合作的羌族文创产品的设计效果尤为显著，师生参与设计的几十套旅游文创产品文化底蕴厚重、设计式样新颖、市场反映良好，已经成为绵阳本土具有一定影响力的旅游文创产品。

（5）“民族文化专题实践”

本课程自环境设计专业开设以来就一直作为培养学生优秀传统文化素养的必修实践课程。通过对优秀传统文化遗产和民俗风情的实地考察、写生，收集创作素材，

学生“民族文化专题实践”课程考察

体验生活，教育、引导学生对中华优秀传统文化保持热爱，理解民间美术的审美特征和艺术价值，思考当下设计的文化立足点，培养学生的文化意识、批判性思维和社会责任感，为设计创新植入中华优秀传统文化基因。该课程以传承和发扬中华优秀传统民俗文化为核心，以思政建设和学生文化素养提升为特色，深度挖掘中华优秀传统文化中蕴含的文化精神、价值观念和习俗传统，跨越历史学、人类学、社会学和艺术学等多学科，全面构建学生的知识、能力和素养体系，增加课程的知识性、人文性和时代性。

学生“民族文化专题实践”课程考察

“民族文化专题实践”课程教学展览

课程教学注重深挖深耕区域优秀民俗文化资源，每次课程都会选取西南地区具有典型民族文化特色的地点进行考察。课程分为三个阶段：第一阶段以民间美术理论讲授和资料收集整理为主，兼及制定考察路线和分组。第二阶段是带领学生实地参观考察博物馆、文化遗址、民族村落等，了解历史文化和民族民间艺术；体验当地的人居环境和生活方式，如饮食、服饰、居住等，收集各种设计素材和资料。在具体实践中要求学生了解传统建筑和传统陈设家具的材料、工艺、样式、结构等特点，以及传统园林布局、工艺结构等的美学特征；了解室内陈设、民间美术用品与民俗文化背景的关系等。第三阶段是对收集的资料进行整理、分类，结合专业学习形成优秀传统文化考察报告，并进行考察汇报展。这几年，考察的地点主要是四川、贵州的少数民族聚居地及古镇、民俗馆、非遗体验馆等，如四川的绵竹年画博物馆、北川羌族民俗博物馆、道明竹艺村、安仁

1. 学生蜡染作业　2. 蜡染工作坊一角　3. 师生蜡染专题考察后合影　4. 蜡染协会专题展览　5. 蜡染协会学生作品

工作室”，后来面向全校学生招收学员，学生自主负责管理和开展活动。工作坊由学院科研平台四川民族手工艺研究中心做学术指导，该中心为参与第二课堂教学的专业教师、学生、非遗传承人提供帮助，组织学术讲座、研讨会等活动，邀请省内外知名专家学者、非遗传承人、著名工艺美术大师等来校进行交流分享，开展传统技艺的研究和创新实验，探索蜡染技艺与现代科技的结合方式，开发更具有创新性的蜡染产品。

高校第二课堂美育活动中，非遗进校园是比较普遍的一个内容，可以丰富学校美育的资源素材，又能培养学生创新能力，传承弘扬民族文化。不过有些活动仅囿于一种展演，这种流于形式的活动让学生参与的价值很有限。鉴于此，我校民间美术（蜡染）工作坊以非遗蓝染技艺课程为主要内容，理论部分包含了染织工艺历史和美学原理；实践部分包含了使用蜡刀绘图基础、蜡染图案的设计、浸染方法、脱蜡方法等技艺，学生有理论，有动手，有主场体验。民间美术（蜡染）工作坊教育教学特色鲜明体现在：一是注重学生参与蜡染设计制作过程的体验，感受传统工艺的魅力。二是以染织类技艺为依托，让学生在欣赏、学习和实践这些艺术形式的过程中，增强对传统艺术的审美感知力和鉴赏力，提高审美修养。三是注重提升学生创新创业能力。依托校企合作建立“大师小店”的学生实习实践平台，以省级工艺美术大师和非遗传承人的示范带动效应，促进学生创新创业。四是注重传统艺术的传承与超越。以蜡染扎染类传统技艺为基础，融入设计专业课程或毕业设计，结合现代内容和现代审美打造文创产品，实现设计创新。五是建立校内外师资队伍。聘请蜡染项目非遗传承人作为工作坊的校外指导教师，为学生传授技艺。同时鼓励本校设计专业教师参与蜡染技艺的学习和设计创新，共同提高工作室的专业教学水平。

民间美术（蜡染）工作坊通过十多年教育实践，建立了系统性、有序性的教学模式，培养了师生的文化自信与工匠精神，提升了学生的审美能力和人文素养。学生在校期间参与的各类创新创业项目、学科大赛等均有好的表现，作品在大学生艺术节多次获得省一等奖。毕业后有的学生还一直坚持着“工匠精神”，自主创业，成为地方的非遗传承人。

（2）第二课堂美育实践案例——民间美术（剪纸）工作坊

剪纸艺术是最古老的民间艺术之一，是世界文化遗产的一部分，具有深厚的文化历史背景和广泛的社会价值，承载着民族的历史、信仰、审美等多方面的文化内涵。爱心剪纸协会于2007年11月成立，民间美术（剪纸）工作坊于2013年建设完成，协会和工作坊吸引了众多对民间剪纸艺术充满热情的师生加入，至今已吸收了2100余人次的会员，组成了一个充满活力与创造力的大家庭。这些会员不仅来自美术和设计专业，更涵盖了各个学科领域，他们因共同的爱好而相聚，为传承与弘扬民间剪纸艺术而努力。民间美术（剪纸）工作坊由学院科研平台四川民族手工艺研究中心做学术指导，该中心为参与第二课堂教学的教师、学生、非遗传承人提供帮助，组织学术讲座、研讨会、展示交流等活动，开展剪纸传统技艺的研究和设计创新。

作为一种镂空的艺术，剪纸在造型上通常运用夸张变形的手法，改变对象的性质、形式，通过一把剪刀，一张纸，表达生活的喜怒哀乐，给人以透空的感觉和艺术享受，深受百姓喜爱。我校民间美术（剪纸）工作坊课程内容主要包括传统剪纸技艺和设计创新两部分，其鲜明的教育教学特色主要在于：一是注重传统剪纸艺术的学习。主要学习形式多样、题材丰富的陕西剪纸艺术和韵味独特的四川剪纸艺术。二是注重学生参与剪纸过程的体验。在欣赏、学习和制作过程中，感受传统艺术的魅力，提升学生审美修养。三是注重传统艺术的传承与创新。以传统剪纸技艺

爱心剪纸协会学生作业

爱心剪纸协会专题展览

成都青年创意集市

爱心剪纸协会学生活动

为基础，融入地方文化元素和现代时尚符号，使剪纸作品既保留了传统韵致，又具有现代审美样貌；积极尝试技法和材料的创新，将剪纸艺术与其他艺术形式相结合，创造出令人耳目一新的剪纸作品。如引入多层剪纸技术，通过层层叠叠的剪纸层次，营造出更加丰富多变的视觉效果；利用大型的葫芦作为载体，通过巧妙的构思与精细的雕刻，展现一种独特的浅浮雕艺术效果。这些尝试不仅丰富了剪纸的表现形式，也拓宽了学生的创作思路，结合新材料和市场需求打造现代文创产品，实现设计创新。四是坚持服务社会。爱心剪纸协会积极走出校园，参与各类社会活动，将剪纸艺术带入更广阔的天地。协会举办了多场剪纸艺术展览，如“玉树灾区义卖”“拾遗”展览等；学生参加成都青年创意集市，荣获“十佳优秀摊主”的荣誉称号；邀请非遗传承人举办专题讲座；参与敬老院爱心活动等。五是强化校企合作，拓宽学生就业渠道。与成都璞风装饰材料有限公司展开了深度校企合作，为这家在墙纸设计领域享有盛誉的企业注入了新的设计活力，展现了剪纸艺术在现代设计领域的无限可能，更为成都璞风装饰材料有限公司带来了新鲜的设计灵感与力量。通过校企合作的方式，协会不仅获得了更多的资源与支持，也为剪纸艺术的商业化运作探索出了一条新路径。这种合作模式不仅让剪纸艺术得以更好地传承与发展，也为协会成员们提供了更多的实践机会与就业渠道。

总之，民间美术（剪纸）工作坊经过十多年教育实践，成为学校美育第二课堂的重要实践教育平台，培养了师生的家国情怀与文化自信，提升了学生的审美能力和人文素养。学生作品在大学生艺术节、大学生民族工艺美术创意设计大赛、大学生原创动漫大赛等活动中多次获得省级一等奖。先后获得绵阳师范学院年度优秀社团、绵阳市十佳社团、第一届全国100个优秀大学生国学社团等荣誉称号。

（三）场馆展示与美育融合的教育实践

1. 发挥场馆展示的视觉艺术感染力，浸润学生心灵

视觉艺术是人们用眼睛对物象进行审视、判断和表现的艺术，是触及灵魂、触动心灵的艺术，旨在通过图像、色彩、空间、材料、光影等视觉元素来传达情感、思想和价值观念。优秀传统文化传承与美育融合就是为了充分发挥视觉艺术这一优势，使中华优秀传统文化在参观考察、生活学习和专业实践中浸润学生心灵，达到以美育人的效果。

在教育教学过程中，学院高度重视展览交流工作，成立学院展览展示中心，专人负责制订年度展览计划，开展展事和相关管理工作。首先，依托现有的较为完善的校级传统文化展示场馆，向师生全面开放，使其成为学生学习、观摩、研讨传统文化的延伸课堂，拓展实施优秀传统文化视觉浸润教育。其次，利用学校美术馆常年常规开展美术与设计方面的“书法篆刻展”“课程汇报展”“对外邀请展”“教师作品双年展”“蜡染刺绣展”“民间剪纸艺术展”等展示交流活动20余场次，师生共襄视觉盛宴。再次，组织师生深入校外传统文化主题场馆、民间文化遗存，通

优秀传统文化课程教学汇报展览现场

绵阳市委宣传部、学校领导参观优秀传统文化专题展览

四川省美协主席李青稞在我院优秀传统文化专题展览开幕式上发言

优秀传统文化课程教学汇报展览现场

绵阳师范学院与绵阳博物馆校馆协作育人框架

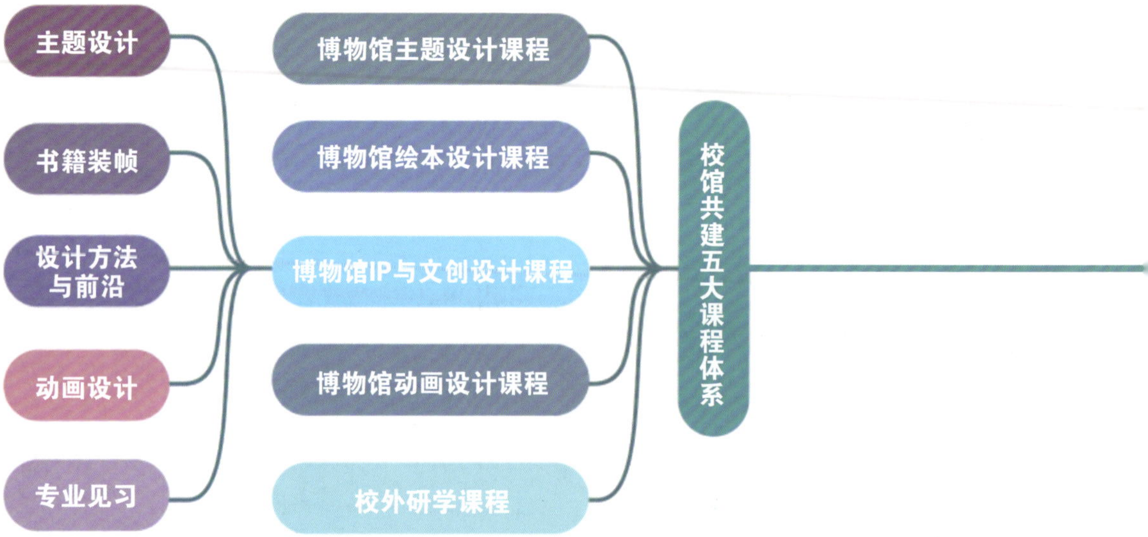

过采风、调研、写生、创作等方式，延续专业一贯坚持的以优秀传统文化、民间文化遗产支撑教学的专业实践路径，不断提升学生的综合文化素养。最后，与各级社会机构在校内外联合举办优秀传统文化专题展览。譬如，与广元市美术馆联合举办的“蜀道遗珍——剑阁觉苑寺明代壁画摹写精品展”，与绵阳市文化馆联合举办的“蜀韵壁上行”等传统文化交流展。众多的优秀传统文化视觉艺术展览营造了浓厚的学术、艺术氛围，达到了以美育人的目的，提升了学生综合文化素养。

长期以来，学院始终坚持以展促教、以展促学、以展促研的教学改革思路，注重展示交流，以展览促进教学改革，提高人才培养质量。通过不同形式的展览呈现的教学成果，可谓教育教学的检验与诊断，有利于发现和纠正教学中的问题，有效提高教学效率，实现以展促教、以展促学之目标；通过展览展示可以交流借鉴，拓宽视野，深化科研教研，有针对性地推进教育教学改革创新，达到以展促研、深化教改的效果，从而提高人才培养质量。

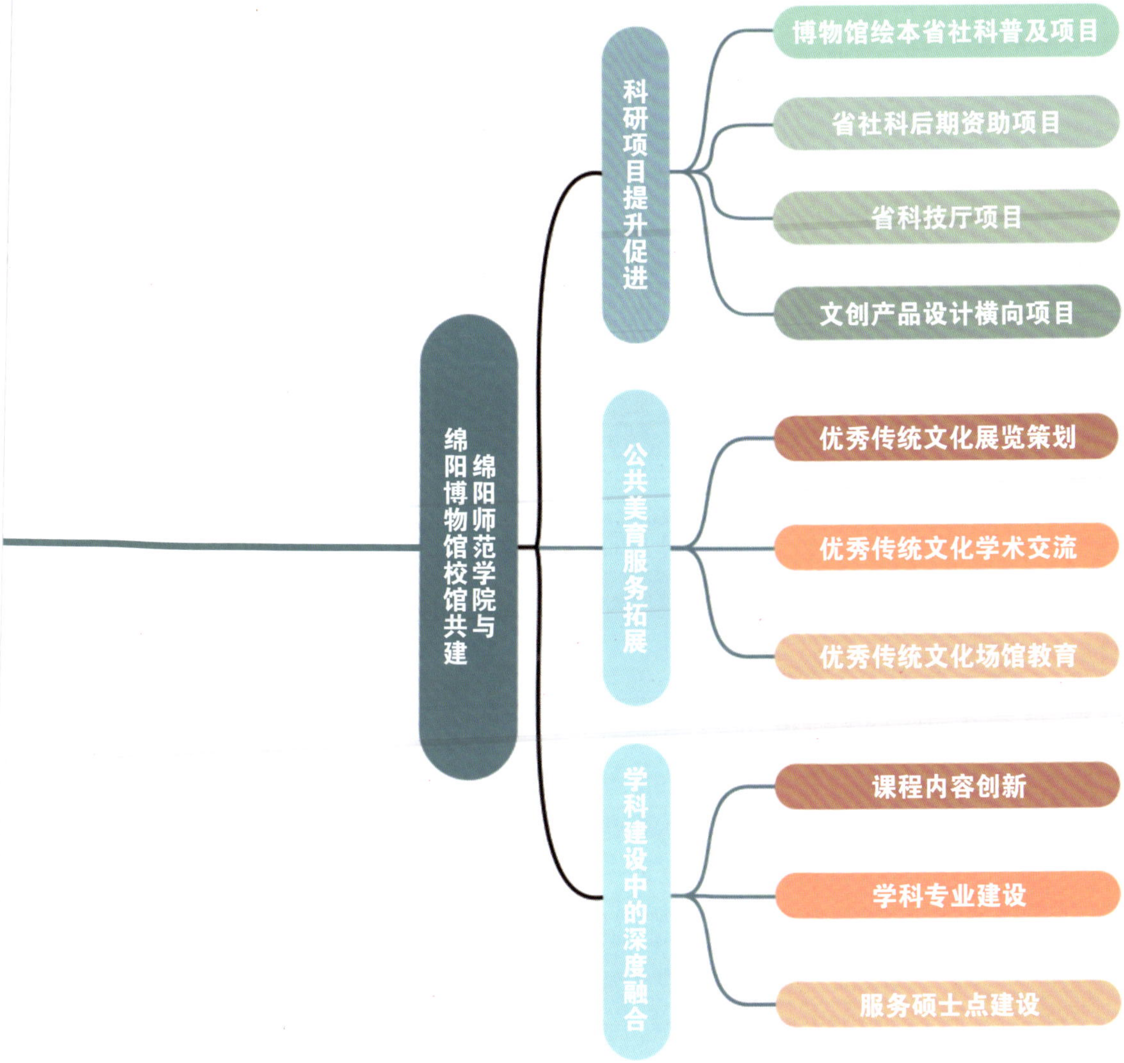

2. 校馆协作育人，开展项目制教学与文化研究

校馆协作育人，开展项目制教学与文化研究，是当下高校视觉艺术类本科专业教育教学改革的方向，也是实现优秀传统文化传承和创新应用的有效途径。博物馆、美术馆有其自身的资源优势，高校有人才和科研优势，师生的参与有利于文化传承与交流推广，有利于科学研究和转换创新，有利于人才培养和服务社会。而这正契合双方共同的责任和目标，校馆协作，强强联手，实现双赢。

下面简要介绍学院与绵阳博物馆的合作项目。

2017年，绵阳师范学院与绵阳博物馆签订校馆合作协议，绵阳博物馆成为学校传统文化实践教育基地，绵阳博物馆与美术与设计学院亦长期开展科研合作与人才培养，推进项目制教学，现已建立校馆共建五大课程体系：博物馆主题设计课程（品牌设计），博物馆绘本设计课程（书籍设计），博物馆IP与文创设计课程（设计方法与前沿），博物馆动画设计课程（原创动漫），校外研学课程（专业见习）。

获奖证书
同学：
你在四川省教育厅主办的2018年四川省师范生教学能力大赛高中美术组中，荣获
一等奖
特发此证，以资鼓励。
四川省师范生教学能力大赛组委会
二〇一八年十月
获奖证书
同学：
你在四川省教育厅主办的2019年四川省师范生教学能力大赛高中美术组中，荣获
一等奖
特发此证，以资鼓励。
四川省师范生教学能力大赛组委会
二〇一九年十月
获奖证书
罗 凤 同学：
你在四川省教育厅主办的2017年四川省师范生教学能力大赛高中美术组中，荣获
一等奖
特发此证，以资鼓励。
四川省师范生教学能力大赛组委会
二〇一七年十月
获奖证书
绵阳师范学院
荣获2023年全国普通高等学校美术教育专业本科学生基本功展示
学校团体奖
二等奖
获奖证书
绵阳师范学院 王美
荣获2023年全国普通高等学校美术教育专业本科学生基本功展示
教学展示
微课单项奖
获奖证书
绵阳师范学院 谢贺伟
荣获2023年全国普通高等学校美术教育专业本科学生基本功展示
教学展示
微课单项奖
荣誉证书
Honor Certificate
绵阳师范学院 荣获四川省第三届高等学校美术教育类专业教师基本功展示活动学校团体奖
一等奖
四川省教育厅
二〇二三年七月
2022
荣誉证书
CERTIFICATE OF HONOR
绵阳师范学院
荣获四川省第四届高等学校美术教育类专业大学生基本功展示活动
团体一等奖
荣誉证书
Honor Certificate
绵阳师范学院 荣获四川省第五届高等学校美术教育类专业大学生基本功展示活动本科组学校团体奖
一等奖
四川省教育厅
二〇二三年七月
荣誉证书

四川省第十届大学生艺术展演

荣誉证书
CERTIFICATE OF HONOR

丁文涛　老师：

您指导的《　熊猫应兰时　》作品

荣获四川省第十届大学生艺术展演活动

艺术作品类（乙组）

一等奖

四川省教育厅
2023年8月

2022四川省大学生未来设计师·数字艺术设计大赛
暨第十届未来设计师·全国高校数字艺术设计大赛

四川赛区

一等奖

学生组
工业产品设计
唐佳、张雨淋、袁凤
"尔玛风情"羌绣纹样系列文创
绵阳师范学院
何荣

2021四川省大学生数字艺术设计大赛
暨第九届全国高校数字艺术设计大赛

四川赛区

一等奖

学生组
视觉传达设计
丁巧灵
《阅苗怀乡》-羌酋故事立体书设计
绵阳师范学院
丁浩、杨杰

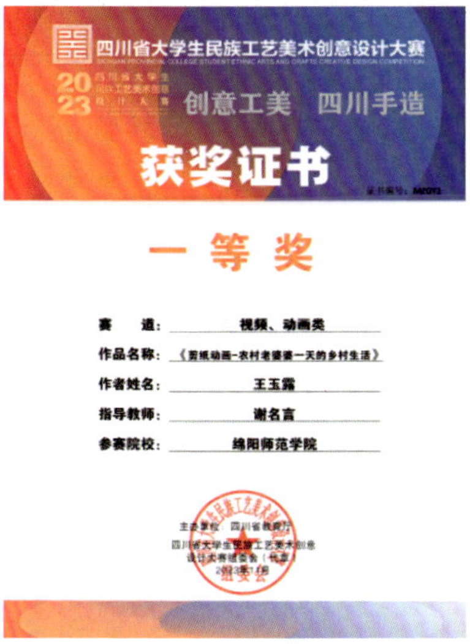
四川省大学生民族工艺美术创意设计大赛

创意工美　四川手造

获奖证书

一等奖

赛　　道：视频、动画类

作品名称：《剪纸动画-农村老婆婆一天的乡村生活》

作者姓名：王玉露

指导教师：谢名言

参赛院校：绵阳师范学院

主办单位：四川省教育厅
四川省大学生民族工艺美术创意设计大赛组委会（代章）

教育部高教学会学科竞赛排行榜赛项
中国好创意（第十七届）
暨全国数字艺术设计大赛
CHINA CREATIVE CHALLENGES CONTEST

获奖证书
CERTIFICATE
THIS CERTIFIES THAT

国赛普通高等院校赛道

视觉传达类
一等奖

作品名称　乐乐陶陶福乐绵绵文创设计
作者姓名　邹雨芯
指导教师　潘红莲
参赛院校　绵阳师范学院

2023年8月25日

证书编号　ZCS-国赛-20230316

获奖证书

第十届未来设计师

全国高校数字艺术设计大赛全国总决赛

一　等　奖

参赛组别：学生组

作品类别：工业产品设计

作者姓名：金钰

作品名称："汉阙遗梦"文创设计

参赛单位：绵阳师范学院

指导老师：潘红莲

大赛官网：www.ncda.org.cn

工业和信息化部人才交流中心

证书编号：HJNCDA202210009603　2022年08月31日

四川省大学生农业创意设计大赛

创新引领振兴／创意点亮乡村

四川省大学生
农业创意设计大赛
Sichuan University Student Agricultural Creative Design Competition

获奖证书
AWARD CERTIFICATE

一等奖

作品类别
平面广告

参赛项目
德昌香米

作品名称
稻香德昌，商盘留香

作者姓名
曾志

指导教师
谢名言

参赛院校
绵阳师范学院

荣誉证书
HONORARY CREDENTIAL

廖　宴同学：

在2022年四川省本科高校大学生竞赛项目----四川省大学生原创动漫大赛中，作品《绵阳博物馆之奇妙的晚会》荣获：

一　等　奖

指导教师：潘红莲

特发此证，以资鼓励！

四川省教育厅
四川省大学生原创动漫大赛组委会（代章）
二〇二二年十二月

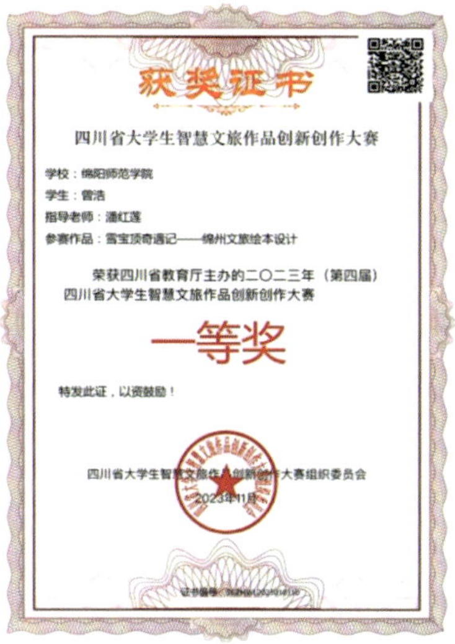
获奖证书

四川省大学生智慧文旅作品创新创作大赛

学校：绵阳师范学院

学生：曾浩

指导老师：潘红莲

参赛作品：雪宝顶奇遇记——绵州文旅绘本设计

荣获四川省教育厅主办的二〇二三年（第四届）四川省大学生智慧文旅作品创新创作大赛

一等奖

特发此证，以资鼓励！

四川省大学生智慧文旅作品创新创作大赛组织委员会
2023年11月

荣誉证书

荣誉证书
CERTIFICATE OF HONOR
谢贺伟 同学：
荣获川渝首届师范生教学能力大赛（决赛）
指导教师：文洪高 谢委
一等奖
四川省教育厅
重庆市教育委员会
二〇二三年四月
荣誉证书
龚浩
你的 视觉艺术下地方高校挖掘区域传统文化资源实施传承
教育的探索与实践 荣获四川省第九
届大学生艺术展演活动高校美育改革创新优秀案例 乙组
一等奖
新故事
新非遗
成渝双城经济圈高校大学生
非遗数字文创设计大赛
第八届中国成都国际非物质文化遗产节
成渝双城经济圈高校大学生
非遗数字文创设计大赛
主办单位：
四川省文化和旅游厅
四川省教育厅
获奖证书
CERTIFICATE OF AWARD
作者姓名：任湘华
作品名称：《广元女儿节——印象》
作品编号：155584
指导老师：潘红莲
一等奖

荣誉证书

（二）科研教研不断深化，美育特色凝练鲜明

经过十余年的研究与实践，我校区域优秀传统文化的发掘整理和传统文化可视化场馆建设已经基本完成，学院从视觉艺术的角度，着力于“挖掘地方资源”“场馆展示浸润”“融入课程教学”“创设多元活动”“信息技术呈现”5个方面的深入探讨与应用实践，在科研教研和课程建设方面成效显著，美育特色凝练鲜明。

1. 深化科研教研，内涵建设丰富

科研教研方面，因项目研究的需要，教师团队勠力同心，着力强化对传统文化的深入学习，尤其是基于区域优秀传统文化的实地调研、理论研究与应用创新的深化和推进，伴随而来的是科研教研成果不断涌现。近5年，学院教师出版传统文化与美育方面的专著3部，发表与传统文化研究和美育相关的论文40余篇，其中CSSCI期刊23篇，《白马遗风》等两篇论文被选入四川省文联主编的《新世纪四川优秀文艺评论作品选》。这些理论成果不仅是我们关于传统文化和美育融合的探索与实践工作的成绩报告单，还就项目所涉领域提出了一些具有创新性的理论观点和实践策略，为学术界和教育界提供了有益的参考。

教育教学方面，根据课程目标，采用“线上线下融合”“理论学习与实景体验”“项目制创新转化”“大师小店”等多种教学模式，以及非遗传承人进校园、数字化展示平台等手段，增强课堂的互动性和学生的参与感，效果良好。近5年，学院先后取得教育部协同育人项目10项，省级教研教改项目3项，校级教研教改项目25项。同时，课程建设成效明显，获得校级一流课程12项，省级一流课程8项，课程思政项目省级1项、校级6项。

近5年发表的与传统文化和美育相关的核心期刊论文统计（部分）

序号	论文题目	作者	期刊名称	发表时间
1	“三元观”在羌族建筑艺术中的体现——以绵阳北川吉娜羌寨为例	屠明英、岳垚希	装饰	2021
2	绵阳汉代摇钱树中凤鸟图像装饰类型研究	刘瑛	装饰	2021
3	汉代铜镜十字交叉图式图像研究	刘瑛	美术大观	2019
4	李白文化在白酒包装设计中的应用探索——以诗仙阁酒包装为例	黄朝伟、沙清	装饰	2021
5	“织补”理念引领下的风景旅游区改造设计——以巴中诺水河景区为例	王桂林	装饰	2021
6	北川羌族草编艺术创作的新探索	雷颖	装饰	2021
7	水族剪纸技艺流变中的文化涵化现象——都匀水族非遗传承人剪纸个案研究	丁文涛	贵州大学学报	2019
8	融合变通，因石施刻：四川石渠石刻艺术特征的成因分析	李隽	装饰	2021
9	蜀锦传承保护的双维度思考	丁文涛	美术观察	2018
10	龙文化雕塑的设计与探索——以泸县龙吟广场为例	黄彬	装饰	2021
11	平武白马藏族非遗文创品牌的构建——以“曹盖面具”为例	丁浩	装饰	2021
12	竹文化主题公园景观设计探究与实践——以沐川中华竹博园为例	王超	装饰	2021
13	羌族服饰中的羊角纹图案构成与设计思想研究	潘红莲、李杰	包装工程	2020
14	藏族传统椅设计	罗毅	上海纺织科技	2019
15	滇、川地区彝族驱病招魂毕摩画的图像对比研究	付莎莎	装饰	2019

2. 凝练美育特色，实现“一校一品”

《关于全面加强和改进新时代学校美育工作的意见》指出：“到2035年，基本形成全覆盖、多样化、高质量的具有中国特色的现代化学校美育体系。”“区域优秀传统文化资源在地方高校的可视化建设与美育研究”项目针对地方高校将中华优秀传统文化传承与美育深度融合，充分发挥了视觉艺术的直观性和感染力，面向全体，改革创新。利用学校在地空间，建设完成4000余平方米的区域优秀传统文化可视化建设空间和十余个校外传统文化实践教育基地。通过陈列展示、信息化呈现，以及教改课改、文化艺术活动等形式开展教育教学活动，使传统文化融入学生课程学习和日常生活中去，潜移默化地感染学生。十余年来，学生审美素养普遍提升，文化自信持续增强，符合新时代高校教育教学改革精神。通过这一系列因地制宜、因势利导的教育教学改革，我校区域优秀传统文化可视化建设与美育融合的美育教育特色渐趋鲜明突出，促进了学校美育的内涵建设，实现了学校美育的“一校一品”。

（1）文化育人，深耕区域传统文化沃土

文化强基固本，以文培元。厚重的区域文化是我校美育教育扎根其中、汲取养分的重要根基。多年来，学院坚持以区域优秀传统文化资源的挖掘与整理为抓手，以可视化建设为平台，大力推进具有鲜明地方特色的传统文化传承资源与美育融合教育的探索与实践，着力培养具有良好文化素养的合格建设者和未来接班人。

传统融入课程，以文化人。将中华优秀传统文化浸入文化育人体系，在50余门专业课程教学中，通过教师的引导诠释与学生的能动参与，于人文、审美、实践运用等方面积极融入传统文化，充分发挥文化价值导向，润物无声地达成以文化人的育人目标，凸显立德树人的主导地位。

场馆展示浸润，以美育人。校内外传统文化教育场馆和基地，是学生学习、观摩、研讨传统文化的延伸课堂，在实施传统文化视觉浸教育，提升学生综合素养方面不可或缺。学院每年开展展示交流活动20余场次，组织师生深入校外传统文化主题场馆、民间文化遗存考察学习十余次。场列馆展，环境浸润，校外采撷，课堂沉淀，以美育人，水到渠成。

（2）实践育人，厚植崇德尚艺创新素养

以建促训，强化实践。学校建有线上传统文化资源库、现代信息技术综合实验室等平台，学院建有智慧书法实训室、木趣工作室、陶艺工作室等，共计近30个专业实践平台和多个有固定空间的传统文化学习交流协会，充分满足专业课程和全校美育第二课堂实践教学的需要。

以赛促学，示范引领。学院各专业依托“两练五课五赛”，落实学校“班、院、校、省、国”5级学科竞赛激励，坚持以区域优秀传统文化支撑学科竞赛。同时，课堂教学注重对学生创新开拓能力的引领，收效显著。近5年来，在校学生获国家级大学生创新创业训练计划项目立项11项、省级立项24项。突出的专业技能竞赛成绩与学生创新创业成果已逐步形成我院专业的品牌优势。

以研促教，赋能成长。专业践行“善之本在教，教之本在师”的初心，倡导教师深耕传统文化沃土，坚持科研创作，垂范崇德尚艺。教师绘画作品50余幅入选全国美术作品展览，入选文化和旅游部主办的第九届至第十三届全国美术作品展，连续入选全国美展已成为我院教师的效应品牌。

（3）协作育人，开拓多元人才培养路径

校内协同，共享育人平台。学院依托学校四川民间文化研究中心、李白文化中心、创新创业中心，学院传统文化场馆、实践平台等共通共享，综合学校学院的学科资源优势，跨学科协作，践行传统文化传承与美育深度融合和创新实践，实现了美术与设计专业知名度、影响力和吸引力的持续提高，近3年来，新生录取分数线平均高出本地区最低控制分数线50分，第一志愿录取率、报到率达100%，优质生源充足，毕业生毕业率、行业就业率、对专业的认同度持续增长。

校地互动，拓宽育人路径。学院持续探索传统文化与美育融合的育人路径，实施“素养提升夯基础、协作研讨助培养”的探索与试验，与地方政府签订战略合作协议，与校外传统文化场馆和非遗基地开展信息互通，资源共享，师资互聘，协同创新。近3年，我院与绵阳博物馆、绵阳市烈士陵园、涪城文化局等单位完成项目合作10余项，项目经费600余万元。其中，与绵阳博物馆合作创新项目“绵阳博物馆六大展厅系列科普绘本”（2024JDKP0136）获批2024年四川省科技厅普及项目；学生曾辽毕业后一直执着于绵阳传统文化传承与美育融合研究，他以绵阳平武县白马藏族文化和熊猫为题材，设计绘制的手绘本《曹盖与大熊猫》由四川少年儿童出版社出版，以英汉两种文字呈现，畅销海内外。

四川少年儿童出版社出版的专著《曹盖与大熊猫》

总之，项目制研究与教学极大促进了传统文化的传承与创新、推广与应用，为地方社会经济文化建设做出了积极贡献。

（三）成果影响日益显著，交流推广更趋广泛

美术与设计学院秉持“崇德尚艺、固本创新、融情优教”的人才培养理念，贯彻落实《关于实施中华优秀传统文化传承发展工程的意见》和《关于全面加强和改进新时代学校美育工作的意见》的精神，努力践行传统文化传承与美育融合的“一校一品”学校美育特色之路，在立德树人、课程教学、科研教研和服务社会等各项工作中取得了显著成绩，形成了传统文化与美育融合育人的特色教育品牌，营造了以美育人、以美化人、以美培元的良好校园氛围，取得春风化雨、润物无声的良好教育成果和社会效益，声名渐起，吸引了多方关注，交流推广更趋广泛。

1. 新闻媒体多次报道

项目实施以来，《中国教育报》《中国美术报》《华西都市报》《绵阳日报》，以及中央电视台、光明网、中国网、四川卫视、四川美术网、绵阳电视台、德阳电视台和广元电视台等新闻媒体先后报道了学院传统文化传承和美育教育相关成效，社会影响度高。如2024年《中国教育报》以《深耕传统文化沃土 培养美术学师范人才》为题报道我院以传统文化支撑人才培养的特色和成效；2024年“中国重彩画”课程师生100余人前往我院传统文化校外实践基地——山西永乐宫开展课程教学，德阳电视台全程跟踪报道，并就中国传统文化的传承与创新采访屠明英教授和学生代表，该报道在中央电视台CCTV-9同步播出。

四川卫视报道我院研究成果

中国教育报 教改风采 07

咸阳师范学院

弘扬教育家精神 建设高素质教师队伍

加强思想政治引领 坚持党对教师队伍建设的全面领导

深化师德师风建设 坚守立德树人初心使命

优化教师队伍制度建设 完善教师发展保障体系

强化监督激励机制 赋能教师成长与发展

重庆师范大学

推进“大思政课”建设 加强国家安全教育

“五有、五到位”建体系

绵阳师范学院美术与艺术设计学院

深耕传统文化沃土 培养美术学师范人才

文化育人 深耕区域传统文化沃土

实践育人 厚植教师职业技能素养

协同育人 开拓多元人才培养路径

《中国教育报》专题报道

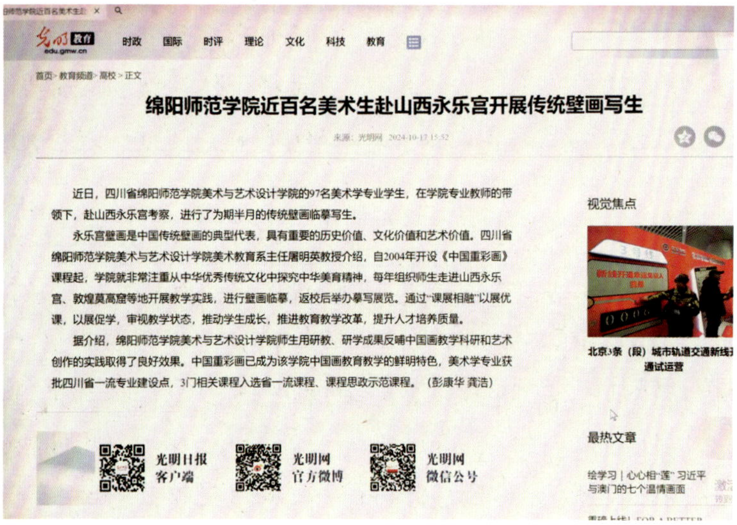

绵阳师范学院近百名美术生赴山西永乐宫开展传统壁画写生

来源：光明网 2024-10-17 15:52

近日，四川省绵阳师范学院美术与艺术设计学院的97名美术学专业学生，在学院专业教师的带领下，赴山西永乐宫考察，进行了为期半月的传统壁画临摹写生。

永乐宫壁画是中国传统壁画的典型代表，具有重要的历史价值、文化价值和艺术价值。四川省绵阳师范学院美术与艺术设计学院美术教育系主任屠明英教授介绍，自2004年开设《中国重彩画》课程起，学院就非常注重从中华优秀传统文化中探究中华美育精神，每年组织师生走进山西永乐宫、敦煌莫高窟等地开展教学实践，进行壁画临摹，返校后举办摹写展览。通过“课展相融”以展优课，以展促学，审视教学状态，推动学生成长，推进教育教学改革，提升人才培养质量。

据介绍，绵阳师范学院美术与艺术设计学院师生用研教、研学成果反哺中国画教学科研和艺术创作的实践取得了良好效果。中国重彩画已成为该学院中国画教育教学的鲜明特色，美术学专业获批四川省一流专业建设点，3门相关课程入选省一流课程、课程思政示范课程。（彭康华 龚浩）

光明网专题报道

参考文献

[1]中共中央宣传部. 习近平总书记系列重要讲话读本（2016年版）[M]. 北京：学习出版社，2016.

[2]叶朗. 美学原理[M]. 北京：北京大学出版社，2009.

[3]教育部课题组. 深入学习习近平关于教育的重要论述[M]. 北京：人民出版社，2019.

[4]费孝通. 中国文化的重建[M]. 上海：华东师范大学出版社，2014.

[5]彭吉象. 中国艺术学[M]. 北京：北京大学出版社，2007.

[6]顾明远. 民族文化传统与教育现代化[M]. 北京：北京师范大学出版社，1998.

[7]佘远富. 高校中华优秀传统文化与社会主义核心价值观融合教育机制研究[M]. 北京：科学出版社，2019.

[8]尹少淳. 当代美术教育研究. 第1辑[M]. 北京：首都师范大学出版社，2013.

[9]高文苗. 新时代中华优秀传统文化教育研究[M]. 北京：人民出版社，2021.

[10]潘莉莉. 中国传统文化[M]. 北京：中国人民大学出版社，2017.

[11]刘明洋. 转化与发展：走进新时代的中华优秀传统文化[M]. 济南：山东人民出版社，2018.

[12]王志文，牛继舜. 中华文化传承与传播策略研究[M]. 北京：经济日报出版社，2017.

[13]胡迪雅. 少数民族文化传承与学校教育研究：以云南丽江纳西族东巴文化为个案[M]. 北京：民族出版社，2015.

[14]李英宏. 巴蜀汉陶艺术[M]. 成都：四川美术出版社，2012.

[15]容中逵. 传统文化传承论：全球化时代中国教育的文化责任[M]. 桂林：广西师范大学出版社，2011.

[16]王锡鉴，绵阳市文物管理局，绵阳博物馆. 涪江遗珠：绵阳可移动文物[M]. 北京：科学出版社，2015.

[17]段渝. 酋邦与国家起源：长江流域文明起源比较研究[M]. 北京：中华书局，2007.

[18]赵殿增，李明斌. 长江上游的巴蜀文化[M]. 武汉：湖北教育出版社，2003.

[19]罗森. 祖先与永恒：杰西卡·罗森中国考古艺术文集[M]. 邓菲，等译. 北京：生活·读书·新知三联书店，2011.

[20]付莎莎. 民族图像记忆——羌族羊图像符号的文化释义与设计智造[M]. 成都：四川大学出版社，2020.

[21]段超. 中华优秀传统文化当代传承体系建构研究[J]. 中南民族大学学报（人文社会科学版），2012(02).

[22]李霞，孙留涛. 新时代高校开展中华优秀传统文化教育模式研究[J]. 江苏高教，2019(01).

[23]高国希. 中华优秀传统文化的现代阐释与教育路径[J]. 思想理论教育，2014(05).

[24]谢慧媛. 中华优秀传统文化传承体系的理论与实践支点[N]. 光明日报，2017-04-06(12).

[25]库尔班·外力.《西王母》新考[J]. 新疆社会科学，1982(03).

[26]林向. 三星堆青铜艺术的人物造型研究[J]. 中华文化论坛，2000(03).

[27]王佳欣. 探究三星堆文化特色以及在现代产品设计中的创新应用[J]. 新美域，2023(12).

[28]黄彬. 创新就业语境下的雕塑课改实践研究[J]. 美术教育研究，2021(12).

[29]葛新. 应用型雕塑课程的教学改革及创新思路[J]. 设计，2018(23).

[30]李先明，成积春. 中华优秀传统文化传承体系的构建：理论、实践与路径[J]. 南京社会科学，2016(11).

[31]郭琳. 乡村振兴背景下的高校设计专业文化传承与创新实践[J]. 大观（东京文学），2024(07).

[32]孙巍，郑路. 新文科背景下艺术设计人才培养研究及实践[J]. 长春工程学院学报：社会科学版，2024(02).

[33]俞凯. 中华优秀传统文化传承与设计创新：产品设计专业课程教学实践[J]. 上海包装，2024(03).

[34]常莹. 中华文化基因赋能艺术设计专业实践教学探究[J]. 美术教育研究，2023(19).

[35]亓逸晨. 中华优秀传统文化融入设计学专业教学体系的探索[J]. 美术教育研究，2023(10).

[36]李彦忻. 社会创新设计视角下大理周城扎染手工艺社区实践研究[J]. 云南艺术学院学报，2022(10).

[37]刘天骄，李楠. 传统文化融入视觉传达设计教学的路径研究[J]. 美术教育研究，2021(22).

后记

岁月倥偬，时光翩跹。

人类自进入信息化时代以来，现代社会的多元化和快速发展给美术教育带来前所未有的挑战，高校教育教学工作头绪日趋繁多，工作节奏日渐加快，工作强度显著提升，人才培养的路径、模式和目标不断翻新，呈现出一派异彩纷呈的景象。作为一名地方高校艺术院系的管理者，在革故求新的时代背景下，我向来笃信两点认知：一是教育工作者要切实做到“不驰于空想，不骛于虚声”。杜绝过度追名逐利，躬身考量长远而可行的教育教学方案，养成契合时代发展需要的治学思想，形成育人特色。二是笃行敬业如敬天，爱生如爱子的教书育人之道。一切以有利于学生今后的生存和发展为出发点和归宿点，“积学以储宝，酌理以富才”，我们虽然无法预测学生在未来的发展和成就高度，然而，我们今天的工作必须为学生终身发展所需的知识、素养而准备。

美术与设计学院肩负着美术学、设计学专业人才培养和视觉艺术下全校的美育教育重任。从专业人才培养角度看，美术教育模式的西风东渐，至今仍占据主导地位，其观察方法、造型训练与东方的美学观实相悖逆。我们应该认真思考，积极应对，以科学发展观为导向，精心制订培养方案，力求做到博晓古今、学贯中西，历史与现实交汇、中国与世界共舞。扎根厚重的传统文化土壤，探寻中华民族的艺术本源，引导学生在步履匆匆的人生旅途中，流连汉风唐韵、宋雨秦云，润泽美好的心灵，涵养高尚的情操，成为传统文化的践行者、传播者和创新者。

研究团队在全校美育教育选修课程和第二课堂教学中，充分发挥视觉艺术的感染力，将传统文化传承与美育教育巧妙嫁接、深度融合，提升学生审美素养和文化自信，促进学生全面发展。变换角度思考地方高校美育教育工作，因事而化，因时而进，因势而新，挖掘区域优秀传统文化，开发特色美育课程；协同创新，促进传统文化的传承与发展，实现成果转化，有助于地方高校美育的特色凝练，实现“一校一品”。

源远流长、博大精深的中华优秀传统文化，为我们提供了取之不尽、用之不竭的艺术源泉。时间不语，岁月留痕，历经十余年艰辛探索，区域优秀传统文化的可视化建设与美育实践研究，虽取得了一定成果，但还有诸多需要向广度拓展、向深层迈进的地方。我们深知，“不积跬步，无以至千里；不积小流，无以成江海”。十年树木，百年树人，只有执着生长，才能馥郁传香。

2025年2月6日

[26]林向. 三星堆青铜艺术的人物造型研究[J]. 中华文化论坛，2000(03).

[27]王佳欣. 探究三星堆文化特色以及在现代产品设计中的创新应用[J]. 新美域，2023(12).

[28]黄彬. 创新就业语境下的雕塑课改实践研究[J]. 美术教育研究，2021(12).

[29]葛新. 应用型雕塑课程的教学改革及创新思路[J]. 设计，2018(23).

[30]李先明，成积春. 中华优秀传统文化传承体系的构建：理论、实践与路径[J]. 南京社会科学，2016(11).

[31]郭琳. 乡村振兴背景下的高校设计专业文化传承与创新实践[J]. 大观（东京文学），2024(07).

[32]孙巍，郑路. 新文科背景下艺术设计人才培养研究及实践[J]. 长春工程学院学报：社会科学版，2024(02).

[33]俞凯. 中华优秀传统文化传承与设计创新. 产品设计专业课程教学实践[J]. 上海包装，2024(03).

[34]常莹. 中华文化基因赋能艺术设计专业实践教学探究[J]. 美术教育研究，2023(19).

[35]亓逸晨. 中华优秀传统文化融入设计学专业教学体系的探索[J]. 美术教育研究，2023(10).

[36]李彦忻. 社会创新设计视角下大理周城扎染手工艺社区实践研究[J]. 云南艺术学院学报，2022(10).

[37]刘大骄，李楠. 传统文化融入视觉传达设计教学的路径研究[J]. 美术教育研究，2021(22).

后记

岁月倥偬，时光翩跹。

人类自进入信息化时代以来，现代社会的多元化和快速发展给美术教育带来前所未有的挑战，高校教育教学工作头绪日趋繁多，工作节奏日渐加快，工作强度显著提升，人才培养的路径、模式和目标不断翻新，呈现出一派异彩纷呈的景象。作为一名地方高校艺术院系的管理者，在革故求新的时代背景下，我向来笃信两点认知：一是教育工作者要切实做到“不驰于空想，不骛于虚声”。杜绝过度追名逐利，躬身考量长远而可行的教育教学方案，养成契合时代发展需要的治学思想，形成育人特色。二是笃行敬业如敬天，爱生如爱子的教书育人之道。一切以有利于学生今后的生存和发展为出发点和归宿点，“积学以储宝，酌理以富才”，我们虽然无法预测学生在未来的发展和成就高度，然而，我们今天的工作必须为学生终身发展所需的知识、素养而准备。

美术与设计学院肩负着美术学、设计学专业人才培养和视觉艺术下全校的美育教育重任。从专业人才培养角度看，美术教育模式的西风东渐，至今仍占据主导地位，其观察方法、造型训练与东方的美学观实相悖逆。我们应该认真思考，积极应对，以科学发展观为导向，精心制订培养方案，力求做到博晓古今、学贯中西，历史与现实交汇、中国与世界共舞。扎根厚重的传统文化土壤，探寻中华民族的艺术本源，引导学生在步履匆匆的人生旅途中，流连汉风唐韵、宋雨秦云，润泽美好的心灵，涵养高尚的情操，成为传统文化的践行者、传播者和创新者。

研究团队在全校美育教育选修课程和第二课堂教学中，充分发挥视觉艺术的感染力，将传统文化传承与美育教育巧妙嫁接、深度融合，提升学生审美素养和文化自信，促进学生全面发展。变换角度思考地方高校美育教育工作，因事而化，因时而进，因势而新，挖掘区域优秀传统文化，开发特色美育课程；协同创新，促进传统文化的传承与发展，实现成果转化，有助于地方高校美育的特色凝练，实现“一校一品”。

源远流长、博大精深的中华优秀传统文化，为我们提供了取之不尽、用之不竭的艺术源泉。时间不语，岁月留痕，历经十余年艰辛探索，区域优秀传统文化的可视化建设与美育实践研究，虽取得了一定成果，但还有诸多需要向广度拓展、向深层迈进的地方。我们深知，“不积跬步，无以至千里；不积小流，无以成江海”。十年树木，百年树人，只有执着生长，才能馥郁传香。

2025年2月6日